Curso Práctico de Autohipnosis

Este curso práctico, fácil de seguir, te dará las claves del éxito para lograr todo lo que te propongas en la vida, entrenando y haciendo un máximo uso de tu mente subconsciente.

Tabla de Contenido

¿Cómo este curso puede ayudarme?

Bienvenido al *Curso Práctico de Autohipnosis*, donde puedes aprender a hipnotizarse. ¿Cuál es tu objetivo? ¿Quieres tener más confianza en ti mismo? o ¿Te gustaría decirle adiós a tus dolores de cabeza? ¿Quizás desees sobresalir en el deporte que elegiste o vencer tu miedo a las arañas, obtener un mejor trabajo o pintar una obra maestra? ¿dejar de fumar?

Bueno, tengo buenas noticias para ti. Puedes hacer cualquiera de estas cosas. De hecho, ¿cómo te sentirías si te dijera que puedes hacer CUALQUIER COSA que sea humanamente posible, cuando te lo propongas?

Este curso, fácil de seguir, te dará las claves del éxito para lograr todo lo que te propongas en la vida, entrenando y haciendo un uso máximo de tu mente subconsciente.

Está bien, es posible que no puedas bajar 30 kg de peso en una semana, o lograr correr 100 metros planos en 1 minuto de una vez, pero TIENES LA CAPACIDAD de tener éxito en cualquier cosa que te propongas, siempre que tu objetivo sea realista.

Piénsalo por un momento: ¿qué es lo que realmente te impide ser la persona que quiere ser? Es posible que puedas pensar en una docena de excusas, pero dejándolas a un lado por un momento, estarás de acuerdo en que el principal obstáculo eres TU mismo. Cuando queremos algo lo suficiente, normalmente hacemos todo lo posible para conseguirlo. Sin embargo, debido a falta de motivación u otras razones, especialmente cuando la mente consciente entra en conflicto con la mente subconsciente, crean obstáculos en nuestras vidas.

La mente consciente razona: que sí, sería bueno dejar de fumar / dejar de tener miedo a volar, etc., etc., mientras que la mente subconsciente se rige más por los sentimientos, las emociones y los comportamientos habituales y piensa que NO. Es más fácil y seguro seguir el viejo estilo de vida que conozco y al que estoy acostumbrado.

Puede haber una multitud de razones por las que la mente subconsciente se opone a cambiar y no voy a entrar en todas esas razones aquí y ahora, pero si estás realmente listo para emprender ese maravilloso viaje para alcanzar tu potencial, entonces te invito a que empieces ya.

El Equipo de Mente Subconsciente

MÓDULO 1
Entendiendo la Mente

Orientación para los estudiantes

·Trabaja con cada ejercicio antes de pasar al siguiente.

· Asegúrate de comprender cada lección antes de continuar a la siguiente.

· Este curso de autohipnotismo no califica a nadie para practicar la hipnoterapia profesional con otras personas. No intente hipnotizar a otras personas.

Objectivos de Aprendizaje:

Al finalizar este módulo, estarás en capacidad de conocer acerca de la historia del hipnotismo, la definición de hipnsois, definición de mente subconsciente, autohipnotismo y el lenguaje de la mente. Aprenderás el proceso de autohipnosis en siete pasos

Breve historia del hipnotismo

La hipnosis existe desde que existen los seres humanos. Esto se debe a que el estado hipnótico es completamente natural; algo que todos podemos lograr. Muchas culturas antiguas tienen registros que indican actividades que se podrían describir como hipnosis.

Se cree que los antiguos griegos y egipcios usaban una forma de ella en sus "templos del sueño" para curar. Los druidas llamaban a la hipnosis "sueño mágico" y en las culturas anteriores a la alfabetización, el tamborileo, el canto y la danza inducían un estado alterado en los rituales de curación tanto para el espíritu comunitario como para los individuos enfermos.

Aunque el término "hipnosis" se inventó solo en el siglo XIX, muchos tipos de formas religiosas y primitivas de trance han existido durante tanto tiempo como el hombre. Magia, vudú, chamanismo, curación por la

4

Fe, yoga y meditación son solo algunos.

Mucha gente usa y ha usado la hipnosis sin siquiera darse cuenta. Antes de que se desarrollaran los anestésicos, en 1794, se extirpó un tumor a un niño pequeño. Durante la operación, su madre se sentó a su lado y le contó una historia; el niño estaba tan absorto en la historia que no sintió ningún dolor. Muchos años después se publicó un libro que contenía la historia que le habían contado al niño, era Blancanieves y el autor era Jacob Grimm.

La hipnosis moderna comenzó a finales del siglo XVIII. Un religioso llamado Padre Gassner creía que los pacientes que estaban enfermos estaban poseídos por el diablo. Realizó una forma de hipnosis escénica. Les dijo a los pacientes que cuando fueran tocados por su crucifijo de oro caerían al suelo donde debían esperar sus instrucciones. Se les dijo que "murieran" y un médico observador no sintió pulso, no escuchó latidos del corazón y declaró a la persona muerta. El religioso "ordenaba" a los demonios que se fueran y luego el paciente revivía. A principios de la década de 1770, Mesmer observó esto.

Franz Anton Mesmer (1734-1815), un médico austriaco, desarrolló una teoría llamada "magnetismo animal", más tarde llamado "mesmerismo". Creía que la enfermedad se desarrollaba cuando los fluidos magnéticos invisibles se distribuían incorrectamente debido a la atracción gravitacional de los planetas. Mesmer creía que este misterioso fluido penetraba en todos los cuerpos. Este fluido permite que una persona tenga una poderosa influencia "magnética" sobre otra. En 1775 revisó su teoría de la "gravitación animal" a una de "magnetismo animal". Mesmer usó una tina llena de agua con limaduras de hierro, de la que sobresalían varillas de hierro más grandes. Sugirió a los pacientes que cuando los tocara con su varilla magnética se magnetizarían y eventualmente entrarían en un estado de "crisis" del cual saldrían curados. Muchos pacientes afirmaron que este tratamiento los curó.

Mesmer usó la hipnosis (entonces llamada mesmerismo) para producir una distribución más armoniosa de este fluido magnético en el cuerpo.

Pudo curar a personas de diferentes enfermedades sin medicamentos ni cirugía, utilizando imanes para mejorar el flujo del 'fluido magnético'. Mesmer se hizo muy famoso en París, donde residía, tratando a los pobres junto con los ricos y famosos. En un momento, tres mil personas al día le rogaban verlo, y para acomodarlos a todos tuvo que cambiar su técnica. Hay informes de que "magnetizó" un árbol bajo el cual los campesinos se enlazaban con cintas o cuerdas. Desarrolló un extraño ritual alrededor del árbol, colocando una tina de agua que contenía botellas de vidrio y limaduras de hierro.

En 1784, Luis XVI formó una comisión para investigar los hallazgos de Mesmer. La comisión estaba encabezada por Benjamín Franklin. Aunque los hallazgos de Mesmer sobre la hipnosis fueron discutidos por la comisión, la comisión restó importancia a los efectos de un "fluido magnético" infundado en el cuerpo humano. Debido a los hallazgos de la comisión con respecto al magnetismo, el mesmerismo perdió popularidad (Hall, 1986).

A mediados del siglo XIX, James Braid publicó un libro llamado "*Neurypnology: or the Rationale of Nervous Sleep*". En él acuñaba los términos hipnosis, hipnotizar e hipnotizador, que todavía hoy siguen en uso (hypnos es la palabra griega para dormir). Braid fue la primera persona en atribuir el fenómeno a variables psicológicas más que físicas. Señaló que la hipnosis era diferente al sueño y que el hipnotismo era una respuesta fisiológica del sujeto, no atribuible a poderes mágicos. Sus hallazgos renovaron el interés en el tema, especialmente en Francia, donde la hipnosis ganó popularidad nuevamente como una forma de reducción del dolor durante la cirugía.

Dos escuelas de hipnosis se desarrollaron y florecieron durante muchos años. Estas fueron la Facultad de Medicina de la Salpetriere, París, bajo el profesor Jean-Martin Charcot, un neurólogo francés, y la Escuela de Nancy bajo Hippolyte-Marie Bernheim. Jean-Martin Charcot, realizó experimentos emblemáticos a fines del siglo XIX. Descubrió que la hipnosis aliviaba muchas afecciones nerviosas. Su clínica para los trastornos nerviosos alcanzó una gran reputación entre los científicos de la época, incluido el psicólogo francés Alfred Binet y el médico austriaco Sigmund Freud. Charcot llevó a cabo un extenso trabajo sobre el vínculo entre los trastornos histéricos y los estados hipnóticos y presentó un artículo sobre la naturaleza de la hipnosis a la Academia de Ciencias de Francia en 1882.

Josef Breuer, médico y fisiólogo austriaco reconocido por Sigmund Freud y otros como el principal precursor del psicoanálisis. En 1880, Joseph Breuer informó haber tratado con éxito un caso de histeria mediante la hipnosis para recordar las experiencias asociadas con la aparición de los síntomas. Dr. Joseph Breuer, además descubrió que sus pacientes podían recordar libremente eventos durante la hipnosis que de otra manera no podrían recordar. Como resultado de la liberación de las emociones reprimidas, los pacientes experimentaron una reacción (similar a las que había encontrado Mesmer) que produjo un alivio de sus síntomas.

Uno de sus pacientes había desarrollado un estrabismo mientras trataba de contener las lágrimas junto a la cama de su padre moribundo. Cuando más tarde pudo volver a experimentar la situación y expresar el dolor que había escondido en ese momento, su síntoma desapareció.

Sigmund Freud (1856-1939) trabajó con Beuer, basando parte de su trabajo en los hallazgos de Beuer. Freud tuvo dificultades para integrar la hipnosis en sus teorías psicoanalíticas. Estuvo fuertemente influenciado por las ideas de Charcot y Bernheim, pero llegó a ver los fenómenos hipnóticos a través de la perspectiva de la transferencia. Posteriormente, Freud abandonó la hipnosis porque a menudo era incapaz de vencer la resistencia de sus pacientes a liberar recuerdos traumáticos. Posteriormente, desarrolló la "asociación libre" como un medio para acceder a la mente subconsciente.

El primer hombre de los tiempos modernos que realmente redescubrió y aprovechó ampliamente el poder de la hipnosis, fue un cirujano inglés llamado James Esdaile conocido como el padre de la anestesia hipnótica. Su interés por el mesmerismo comenzó antes de que se conociera la palabra hipnosis. En 1845 fue a la India y tuvo un éxito fenomenal con el mesmerismo, copiando las técnicas de Mesmer y aplicándolas con diligencia. En aquellos días la tasa de mortalidad en cirugía rondaba el cincuenta por ciento. Esdaile redujo esta cifra al ocho por ciento mediante el uso de sus técnicas, y sus pacientes se recuperaron más rápida y fácilmente que los casos quirúrgicos promedio. Desde entonces ha habido un resurgimiento en el interés de la hipnosis con la realización de más estudios científicos.

En tiempos más recientes, la principal autoridad reconocida en hipnosis clínica fue el Dr. Milton Erickson, (1901-80). Cuando era adolescente, sufrió la poliomielitis y quedó paralizado, pero se curó. Durante su parálisis, pasó mucho tiempo observando a las personas y quedó fascinado por la psicología humana. El Dr. Erickson fue considerado un 'maestro de la hipnosis' y podría poner a la gente en trance sin siquiera mencionar la palabra hipnosis. Milton H. Erickson desarrolló nuevas estrategias de hipnotismo combinando técnicas clínicas y de investigación. Era un maestro de la hipnosis indirecta.

Ambroise-Auguste Liébeault (1823-1904), "el padre del hipnotismo moderno" médico fundador de la Escuela de Nancy en la ciudad francesa de Nancy en 1886 , amplió el alcance de la hipnosis más allá del control del dolor. Era un experto en hipnosis rápida y se dio cuenta de que no era necesario un trance profundo, y rara vez pasaba más de quince minutos con sus pacientes. En este momento se introdujo una variedad de técnicas de inducción. Liebeault simplemente usaba la palabra "dormir" con un pase de mano por la frente a sus pacientes, Charcot por otro lado estaba haciendo sonar violentamente los gongs y las luces de los tambores. Los alemanes, Weinhold y Heidenhain, preferían el tictac de un reloj.

En 1891, la BMA (Asociación Médica Británica) informó favorablemente sobre el uso de la hipnosis en el campo de la medicina. Varios científicos estadounidenses han logrado importantes avances en el estudio del hipnotismo durante la década de 1900. Morton Prince demostró que las personas hipnotizadas pueden mantener varias actividades mentales al mismo tiempo.

Milton H. Erickson desarrolló nuevas estrategias de hipnotismo combinando técnicas clínicas y de investigación. Era un maestro de la hipnosis indirecta.

El hipnotismo llegó a ser ampliamente utilizado por médicos y psicólogos durante la Primera Guerra Mundial y la Segunda Guerra Mundial. La hipnosis se utilizó para tratar los desórdenes post traumáticos luego de la batalla y los trastornos mentales resultantes de la guerra. Después de las guerras, los científicos encontraron usos adicionales del hipnotismo en el tratamiento clínico.

En la década de 1950, tanto la BMA (Asociación Médica Británica) como la AMA (Asociación Médica Estadounidense) emitieron declaraciones a favor de la hipnosis.

Entonces, ¿qué es la hipnosis?

Es un estado de relajación profunda, un estado de mayor conciencia, combinado con una sensación de letargo tranquilo. Puede describirse mejor como algo similar al estado entre el sueño y la vigilia cuando eres consciente de lo que te rodea pero no estás dispuesto a moverte. Sus características son una mayor susceptibilidad a la sugerencia beneficiosa y una memoria muy mejorada con acceso a recuerdos "olvidados" o reprimidos almacenados en la mente inconsciente.

En sí mismo, el estado hipnótico es muy placentero. Es muy similar a los estados mentales alcanzados durante la meditación y el yoga. Es lo que el terapeuta y el cliente hacen juntos dentro de este estado lo que lo convierte en terapia.

La mente subconsciente

Podemos pensar en la mente como un iceberg, con la punta del iceberg representando la mente consciente que se preocupa por lo que estamos pensando en este momento, y todo lo que está debajo de la punta representando lo que está sucediendo en el fondo de nuestra mente.

Por lo general, no somos conscientes de lo que sucede en el fondo de nuestra mente porque obviamente estamos ocupados con los pensamientos presentes. Las personas son capaces de pensar solo un pensamiento a la vez. Es posible que encuentres pensamientos residuales flotando en la conciencia cuando estas cansado o relajado, pero seguirás pensando solo un pensamiento a la vez.

Cuando la mente consciente está preocupada por un solo pensamiento en la medida en que está totalmente enfocado en él, las sugerencias pueden pasar por alto ese punto y entrar en la mente subconsciente.

Cuando estamos ocupados en una situación, podemos encontrar que nuestra atención está enfocada, sin embargo, estamos asimilando (subconscientemente) otras cosas también. Por ejemplo, mientras lees este documento, tu mente se concentrará en lo que estás leyendo, pero si alguien entra por la puerta, la presencia de esa persona se registrará en nuestra mente subconsciente. Es posible que no notemos la llegada de nuestro visitante, a menos que cruce nuestra línea de visión o haga un ruido, pero nuestra mente subconsciente no pierde ningún truco.

La autohipnosis utiliza este fenómeno para crear los cambios deseados. En primer lugar, viene el enfoque total de la mente consciente sobre un objeto dado. A continuación, se permite que las sugerencias pasen flotando hasta los dominios de la mente subconsciente, donde esos cambios en nuestro comportamiento, pensamiento o acción pueden comenzar a tener lugar.

A lo largo de este curso de Autohipnotismo, aprenderás numerosos métodos para hipnotizarte a tí mismo. Prueba cada uno hasta encontrar el que más te convenga. No te sientas fracasado si un método no parece funcionar, recuerda que todos somos individuos únicos y que lo que funciona bien para una persona puede no ser igual para la siguiente.

El lenguaje del cerebro

Se dice que las imágenes son el lenguaje del cerebro. Mucho antes de que se inventara el lenguaje, la gente debió haber pensado de una manera más abstracta. El lenguaje de señas es un ejemplo de este modo de pensar, ya que toda la situación a menudo se describe en unos pocos simples signos. El lenguaje de señas utiliza el hemisferio izquierdo del cerebro, una parte que es menos dominante desde el advenimiento de la lectura y la escritura y las habilidades del lenguaje.

Los niños pueden pensar en forma pictórica con mucha más facilidad que los adultos. La razón por la que los adultos hemos perdido esta habilidad puede remontarse al viejo síndrome de "soñar despiertos en clase", aunque todavía hay muchos adultos que pueden y piensan en imágenes. Muchos paisajistas, diseñadores de interiores, artistas, por ejemplo, pueden construir una imagen en su mente antes de ponerla en papel o lienzo. Ellos puede que no siempre sean conscientes de que están visualizando, pero el hecho es que no están satisfechos hasta que la pintura es perfecta (como estaba en su mente). De la misma manera, los compositores, poetas y músicos a menudo tienen "oído" para su trabajo, y un escultor tiene "sentido" para su obra maestra.

Por lo tanto, para enviar mensajes al cerebro de manera efectiva, debemos usar el lenguaje que nuestro cerebro entienda mejor, que en la mayoría de los casos son imágenes visuales.

Mucho antes de que se inventara el lenguaje, los seres humanos usaban imágenes, sonidos, sentimientos, olores y gustos para formar sus pensamientos abstractos. Estos modos de pensamiento se conocen como nuestros "sistemas de representación" y nos ayudan a enviar mensajes fuertes a la mente subconsciente que son mucho más poderosos que las palabras.

Como Funciona Nuestra Mente

La mente está dividida en dos partes: la mente consciente (10%) y la mente subconsciente (90%). La mente consciente tiene a su vez cuatro partes: racional, analítica, *fuerza de voluntad* y memoria temporal. La mente consciente es donde empleamos la mayor parte de nuestro tiempo, sin embargo es la parte más débil de nuestra mente.

La fuerza de voluntad pertenece a la parte débil de la mente: la mente consciente. ¿Cuántas veces has intentado cambiar un mal hábito usando la fuerza de voluntad? ¿Cuántas veces has fallado? Tal vez muchas veces. Y la explicación es que no has trabajado con la parte de la mente adecuada.

La parte más poderosa de nuestra mente es la mente subconsciente: la imaginación, la memoria permanente, *los hábitos*, los sentimientos y las emociones, las creencias, el sistema nervioso central autónomo están todos alojados en la parte de la mente subconsciente. Y es la que debes trabajar y entrenar para hacer el mejor uso de ella, que te obedezca. Y te enseñaré como hacerlo de forma efectiva.

Somos la Suma Total de Todo Nuestro Pasado

La mente subconsciente contiene nuestra memoria permanente. Cada pieza de información que hayas recibido a través de tus cinco sentidos es almacenado en tu mente subconsciente. Comenzando desde que estabas en el vientre de tu madre, todo deja una huella impresa y es almacenada en la parte subconsciente de nuestra mente.

Luego comenzamos a construir una base de datos de información que se convierten en creencias y hábitos, y todo esto desarrolla quiénes somos hoy en día. Pensaremos nuestro próximo pensamiento, actuaremos nuestra próxima acción y sentiremos nuestro próximo sentimiento basado en todo lo que ha sucedido en nuestro pasado.

Somos la suma total de todo nuestro pasado. Nuestra memoria permanente es como un disco duro en una computadora, es un sistema altamente organizado y lo sabemos porque funciona por asociación al igual que una computadora u ordenador. Por ejemplo, si vas manejando tu carro o automóvil y escuchas una vieja canción, los sentimientos que te producen al acordarte de los viejos amigos o recuerdos asociados con esa canción podrían volver a ti en un instante. Nuestra mente subconsciente es como nuestra computadora y a veces necesitamos reprogramar nuestras computadoras.

Necesitamos Reprogramar Nuestras Computadoras

Los hábitos, sentimientos, creencias y emociones también se almacenan en la mente subconsciente. La mente subconsciente es la mente que siente. La hipnosis con la ayuda de un terapeuta o la autohipnosis con la ayuda de ti mismo, puede ayudarte a tomar conciencia de los sentimientos o emociones relacionados con tu problema. Cuando permites que esto suceda, ¡estás en camino de hacer un cambio permanente!

Nuestro Sistema Nervioso Autónomo

Nuestro sistema nervioso autónomo está relacionado con lo que sabemos hacer automáticamente, como respirar, comer, nuestros latidos cardíacos y la circulación sanguínea. Cuando nos cortamos, no tenemos que decirnos a nosotros mismos que debemos sanar, no tenemos que decirnos a nosotros mismos cuando estamos cansados o hambrientos, nuestra parte subconsciente de la mente se encarga de eso por nosotros.

Las Ondas Cerebrales – Estado de trance hipnótico

El cerebro humano produce una actividad eléctrica que se mide en ondas cerebrales. Un electroencefalograma mide estas ondas cerebrales en frecuencias, también conocidas como ciclos por segundos o Hertz. La siguiente tabla explica cuatro diferentes ondas cerebrales y como estas ondas están relacionadas con la hipnosis y las partes de la mente: consciente y subconsciente.

Onda Cerebral: Beta
Estado de Consciencia Estado de Alerta. En este estado percibimos el espacio y el tiempo.
(al comienzo de una sesión hipnótica)
Frecuencia 30 –14 Hz

Onda Cerebral: Alfa
Estado de Consciencia Cuando estamos relajados, la atención se desconecta del exterior y se conecta con el interior. Cuando sueñas despierto. Mente tranquila. Meditación y Visualización. El estado perfecto para desarrollar la creatividad, la memoria y la intuición (Estado ligero hipnótico)
Frecuencia 13 – 8 Hz

Onda Cerebral: Theta
Estado de Consciencia Cuando pasas del sueño superficial al sueño profundo. El estado ideal para conectarte con tu yo interior y conseguir meditaciones profundas (cuando tu hipnoterapeuta te lleva a un estado más profundo o usas un profundizador si estás haciendo autohipnosis. En este estado los eventos y emociones del pasado pueden ser identificadas)
Frecuencia 7.0 – 4.0 Hz

Onda Cerebral Delta
Estado de Consciencia Cuando te duermes y esta inconsciente. La mayoría de las personas no se quedan dormidas durante la sesión de hipnosis, si esto sucede, es por un breve momento y regresas a estado theta donde enfocan su atención. El estado ideal para conseguir un sueño profundo y reparador.
Frecuencia 6.0 – 0.5 Hz

El proceso de autohipnosis en siete pasos

1. Identifica tu propio sistema de representación (Módulo 2). Si eres más auditivo, visual, olfativo, etc. para crear tu propio lenguaje hipnótico.

2. Identifica el problema o la inquietud que deseas abordar comunicándote con tu mente subconsciente (Módulo 3).

3. Utilice tu método preferido para inducir la autohipnosis (Módulo 4) Profundiza tu trance con tu profundizador favorito (Módulo 5.). Crea y visualiza tu refugio mental (Módulo 6)

4. Ahora concéntrate en lo que harás como solución (sugerencias): imagina cómo pensarás, sentirás y actuarás.
Visualízate llevando a cabo el nuevo comportamiento o hábito. Este es tu ensayo mental (Modulo 7).

5. Construye y expresa afirmaciones positivas que puedas repetirte fácilmente para recordar los cambios que estás creando (Módulo 8).

6. Ahora elabora tus propias sugerencias post-hipnótica utilizando las afirmaciones o símbolos (Módulo 7 y 8). Graba tu propio guión o utiliza tarjetas con los símbolos .

7. Fija una hora, lugar, tiempo de duración para tu autohipnosis.
Al finalizar con tu autohipnosis, reoriéntate: abre los ojos, estírate y respira profundamente, utilizando un conteo regresivo. ¡Hecho!

MÓDULO 2
Cómo reconocer tu Sistema de Representación Preferido (SRP)

Objectivos de Aprendizaje:
Al finalizar este módulo, estarás en capacidad de entender cómo procesamos la información. Identificar tu propio sistema de representación para crear afirmaciones y sugestiones en tu propio lenguaje hipnótico.

¿Cuál de estas frases tiene el efecto más fuerte en ti?

A) Esta es una situación peligrosa.
B) El hedor rancio de la muerte en el aire, los vellos de la nuca se erizan y un escalofrío recorre su columna mientras la garganta produce un exceso de saliva, todo lo que puede ver es sangre.

La descripción del segundo ejemplo utiliza olfativo (olor), cinestésico (sentimiento) y visual (imaginación). Podríamos haber introducido un grito penetrante para darnos la estimulación auditiva, y es posible que reconozca que la saliva utiliza el sentido del gusto.

Un paso importante si deseamos auto hipnotizarnos es que debemos ser conscientes de nuestro propio sistema de representación.
Probablemente sepas instintivamente qué sistema prefieres usar, pero si no es así, puedes cerrar los ojos y ver si puedes imaginarte un jarrón con flores o el rostro de alguien que amas en tu mente.

Puedes poner a prueba tus habilidades auditivas para "escuchar" la letra de una canción favorita, o la voz de tu madre o alguna otra persona importante, o puedes imaginarte la sensación de un trozo de seda o el suave pelaje de un gato o un perro. ¿O el olor de una naranja o una rosa perfumada?

Lo más probable es que descubras que puedes utilizar diferentes modos de pensamiento, sin embargo, algunas personas son predominantemente visuales, auditivas o cinestésicas, y si descubres que te inclinas hacia un modo de pensamiento en particular, este es el que debes usar inicialmente para tu autohipnotismo.

Hay cinco (5) canales sensoriales que usamos para representar nuestra experiencia: visual, auditivo (escuchar), cinestésico (emociones, tocar y sensaciones del cuerpo), gusto y olfato. Adicionalmente, podemos darles un sentido a nuestras experiencias por medio de las palabras.

Nuestra memoria, imaginación y experiencia presente están hechas de elementos de estos cinco sistemas representacionales. La mayoría de nosotros usa a menudo un sistema representacional que predomina.

Si usas palabras "visuales" con una persona que es "visual", es más fácil para ellos entenderte, porque no tiene que "traducir" de otro sistema.

Discurso representativo

El lenguaje que usamos puede darnos pistas sobre nuestros sistemas de representación.

Las personas que son visuales dicen cosas como:
"Veo a que te refieres". "Me veo bien con ese vestido". "Parece que sí". "Capturo la imagen de lo que me quieres decir".

Por el contrario, las personas que utilizan su sistema auditivo podrían decir: "Escuché lo que dijiste". "Eso me suena…". "Caminaba de puntillas en silencio".

El habla cinestésica dice así: "Tengo una sensación placentera, cada vez que…". "Sentí un escalofrío que recorría todo mi cuerpo". "Soy capaz de retomar el control de mis emociones". "El no pudo manejarlo".

La próxima vez que escuches una conversación, observa qué tipo de discurso surge con diferentes personas.

Ejercicio uno: Identificando sistemas de representación

Haga una lista de tres oraciones que incluyan el habla de cada uno de los sistemas de representación.

Visual

....

Auditivo

....

Cinestésico

....

Ejercicio dos: Sistema de representación preferido (SRP)

Con los ojos cerrados, descubre tu sistema de representación preferido (SRP). Primero lee y realiza los siguientes ejercicios. Escribe debajo de cada oración tu respuesta.

1. Visualiza un árbol. Observa si puedes identificar el tipo de árbol, adivina su altura. ¿Hay hojas o frutos en el árbol, o las ramas están desnudas? Fíjate en las raíces del árbol, ¿hasta dónde se extienden?

....
....
....
....

2. Recuerda una canción que aprendiste en la escuela, quizás una de las primeras canciones que puedas recordar. Escucha la melodía y la letra de la canción en tu mente. ¿Cómo suena la voz? ¿Reconoces la voz o simplemente "conoces" las palabras?

....

....
....
....

3. Recuerda el olor de un crayón, crea ese olor en tu mente, ¿es un olor agradable, a qué te recuerda? Ahora piensa en el olor de una hoguera, o la mañana después de la noche de la hoguera, el aire lleno de humo, ¿cómo te hace sentir? Y recuerda el olor de los domingos, cuando tu familia se reunía a hacer el sancocho o la sopa dominguera con la leña al fuego. ¿Qué crees que había para el almuerzo?

....
....
....
....

4. Imagina que tienes una rodaja de limón en la boca, es amarga y picante y puedes sentir que la saliva comienza a fluir cuando el jugo comienza a salir del limón. Ahora, recuerda el sabor de tu comida favorita. ¿Cómo encontraste este ejercicio? ¿Qué te hizo sentir?

....
....
....
....

5. Imagínate tomar un trozo de satén sedoso y doblarlo, pero el material se está deslizando entre tus dedos y no puedes juntar los dos extremos de la tela, es muy resbaladizo. O imagínate pasar tu dedo pulgar por los dientes de una cremallera o un peine, ¿cómo se sientes? ¿Recuerdas esa sensación de hormigueo que has tenido cuando estuviste acostado sobre tu brazo durante mucho tiempo? ¿Cómo te sentiste cuando intentaste moverlo después?

....
....
....

Si encuentras una inclinación definida hacia un SRP, puedes usarla predominantemente en tu autohipnosis.

Por ejemplo, digamos que encuentras que los bosques son el lugar más relajante del mundo y que tu sistema de representación preferido es visual. Tus palabras se centrarían en describir lo que puedes ver. "Puedo ver las altas y majestuosas palmeras meciéndose con la brisa".

Si tu inclinación fue hacia los sistemas auditivos, podrías enfatizar la descripción de la siguiente manera. "Puedo escuchar a los árboles susurrar con la brisa y parecen estar diciendo, relájate, relájate, mientras los pájaros silban su melodía con el suave sonido de ese arroyo que corre".

O puedes optar por "oler las suaves hojas de otoño, la hierba recién cortada en el claro", o "sentir una suave brisa que sopla de vez en cuando en mi cara".

Después de una breve descripción en tu SRP, puedes introducir gradualmente otros sentidos, por ejemplo: "Puedo VER los árboles altos y majestuosos balanceándose de lado a lado con la brisa, las hojas de oro amarillo revoloteando suavemente hacia abajo, dando vueltas y vueltas a medida que se asienta sobre un suave lecho de hojas otoñales, e incluso mientras VEO la hoja acurrucarse, aún más profundo, una ráfaga de viento pasa rápidamente, levantando esa hoja y jugando con ella en el aire fresco. Y puedo SENTIR ese aire fresco en mi cara. . . "

Ejercicio tres: Pasar de un sistema de representación a otro

Escribe una breve descripción que pase de un sistema de representación a otro. (es decir, auditivo a cinestésico, auditivo a visual u olfativo a cinestésico).

....
....
....

MÓDULO 3
Identificando tu problema - Comunicarte con tu mente subconsciente

Objectivos de Aprendizaje:
Al finalizar este módulo, estarás en capacidad de identificar tu problema, mediante la comunicación con tu mente subconsciente. Aprenderás técnicas para establecer una comunicación con tu mente subconsciente.

Sabes más de tu interior de lo que crees saber.

¿Cuántas veces se te ha "venido a la cabeza" la respuesta a una pregunta? ¿Alguna vez te has devanado el cerebro para intentar recordar el nombre de alguien?, y luego, cuando estabas relajado y después que dejaste de pensar en ello hacia rato, ¿el nombre volvió a ti, en un instante?

Eso nos sucede a todos, porque nuestra mente interior contiene todo el conocimiento y la comprensión que necesitamos para vivir una vida segura, plena e interesante.

Sin embargo, hay momentos en que la respuesta a un problema se niega obstinadamente a llegar a nosotros. Es posible que nos falte una idea de un determinado problema, por ejemplo. ¿Cuántas veces te encuentras repitiendo los mismos viejos errores o reaccionando de la misma manera ante situaciones similares? A veces sabemos lo que deberíamos estar haciendo, pero nos sentimos incapaces de hacerlo. Puede que nos sintamos estancados.

Esto generalmente se debe a que la razón por la que nos comportamos, actuamos o pensamos de una manera autodestructiva no está disponible para la conciencia. La razón por la cual puede ser reprimida en nuestra mente subconsciente como una pelota de playa empujada bajo el agua. Quiere salir a la superficie, pero no puede porque se mantiene presionada, está luchando por llegar a la cima y esa lucha crea ciertos síntomas. Estos síntomas pueden ser migrañas, fobias, miedos irracionales, tartamudeo, rubor, falta de confianza, tabaquismo, obesidad, timidez, etc., etc.

Existe una manera maravillosa de aprender más sobre nosotros mismos, nuestros síntomas y la razón detrás de ellos. Este método se conoce como "señalización ideomotora" que te explicaré más adelante, pero vas a necesitar establecer el contacto con tu mente subconsciente mediante el péndulo de Chevreul que te explicaré a continuación.

Péndulo de Chevreul

Si deseas descubrir lo que hay en tu mente interior antes de empezar con tu autohipnosis, hay una manera fácil, usando un péndulo o hacer uno con un anillo atado al extremo de una cadena o un trozo de hilo.

Haz una tabla dibujando un círculo grande en una hoja de papel con una línea horizontal, vertical y diagonal a lo largo de su diámetro. Escribe las palabras sí y no a cada lado de cada línea.
Sostenga la cadena por un extremo de modo que el péndulo o anillo cuelgue suelto sobre el gráfico.

El péndulo en sí puede realizar cuatro movimientos diferentes. Ellos son: de lado a lado; de ida y vuelta; circular o en diagonal. En su mente, piense en la palabra SÍ una y otra vez hasta que note en qué dirección se mueve el péndulo. Repite el ejercicio mientras piensa la palabra NO una y otra vez. Anota la dirección.

En tu mente, o en voz alta, hazte una pregunta que sepas que la respuesta es sí. Por ejemplo, ¿"Es mi nombre?" (indicando su nombre). El péndulo debe moverse en la dirección SÍ. Si no es así, hazte algunas preguntas más de SÍ hasta que obtengas un acuerdo general sobre qué dirección significa SÍ.

Ahora repite el ejercicio, haciéndote una pregunta a la que sabes que la respuesta es NO. Asegúrate de que las respuestas sean consistentes, de modo que tengas algunos movimientos definidos de SÍ y NO. Si los movimientos continúan contradiciéndose, deja el ejercicio para otro día.

Suponiendo que estás seguro de las respuestas SÍ y NO, puedes comenzar a cuestionar tu mente subconsciente.

Deberás formular tus preguntas con cuidado, recordando que solo puedes obtener una respuesta SÍ o NO. Luego sigue el procedimiento en la tabla debajo de la sección sobre Señalización ideomotora.

Señalización ideomotora

"Ideo" significa pensamiento y motor es acción. Los pensamientos pueden actuar y actúan en cada parte de nuestro cuerpo. Podemos configurar nuestro ideomotor deliberadamente y usarlo para enviar señales desde la mente interior o inconsciente a la mente consciente y pensante.

Para comenzar con este método, deberás relajarte. Si te sientes tenso, este método no funcionará, ya que las acciones deben ser involuntarias y la tensión puede interferir con las acciones involuntarias.

Empieza por relajar los dedos de los pies y luego los pies, los tobillos, las piernas, los muslos, la pelvis, el estómago, el pecho, los hombros, la espalda, los brazos, las manos, los dedos, el cuello, la garganta y la cara. Sé consciente de estas diferentes partes de ti y, a medida que te des cuenta, suelta cualquier tensión que encuentres.
Si no puedes relajarte, entonces puedes tensar los músculos alrededor del área particular que está tensa, luego soltarlos y notar la diferencia entre tensión y relajación.

Imagina en tu mente un tramo de escalones

Cuando todo tu cuerpo esté suavemente relajado, imagina en tu mente un tramo de escalones y siente que bajas los escalones, profundizando en la relajación con cada escalón.

Cuando llegues al final de los escalones, imagina tu lugar perfecto. Puede ser una playa de arena, una silla junto a la piscina, un bote que navega por un hermoso río, una montaña, el campo, una cama o tu silla favorita, o algo totalmente diferente que se sienta especial para ti. Imagínate allí, en tu propio lugar especial.

Concéntrate en tus dedos

Pídele a tu mente subconsciente que elija un dedo para representar la palabra "Sí". Espera un momento y observa las diferentes sensaciones en los dedos. Quizás un dedo se sienta un poco más caliente o puede haber una sensación de hormigueo allí. Cuando sepas cuál es tu dedo "sí", pídele que flote y siente que se vuelve más ligero, como si fuese capaz de flotar. Repite el ejercicio pidiéndole a tu mente subconsciente que elija un dedo para representar la palabra 'No', y luego nuevamente con las palabras "No quiero responder".

Calibrando los dedos ideomotores

Puedes verificar que son los dedos correctos haciendo las preguntas para las que sabes la respuesta. Por ejemplo, si tu nombre es Rafael, puedes preguntar si tu nombre es José, en cuyo caso tu dedo "No" flotaría hacia arriba. O pregunta tu edad real y observa el dedo de "Sí" flotando hacia arriba.

El siguiente paso es explorar tu problema y, para hacer esto, es posible que tengas que hacer preguntas que tengan una respuesta "sí" o "no". Siempre comienza por obtener el permiso de tu mente subconsciente para explorar el problema, y si el permiso no está disponible, déjalo para otro día.

Ejemplo de cuestionario ideomotor

El cuestionamiento ideomotor puede seguir el esquema que se muestra, recordando adaptarlo a tu problema particular. Este es un ejemplo de alguien que desea descubrir la causa de un síntoma.

Pregunta: ¿Estaría bien para mí descubrir la causa de mis dolores de cabeza?
Respuesta del dedo: Si

Pregunta: Gracias. ¿La razón por la que tengo dolores de cabeza regulares tiene algo que ver con algo que sucedió en el pasado?
Respuesta del dedo: Si

Pregunta: ¿Fue algo que pasó antes de que tenía 10 años?
Respuesta del dedo: Si

Pregunta: ¿Fue algo que pasó antes de que tenía 5 años?
Respuesta del dedo: No

Pregunta: ¿Fue algo que sucedió cuando tenía 6 años?
Respuesta del dedo: No

Pregunta: ¿Tenía 7 años?
Respuesta del dedo: Si

Pregunta: ¿Pasó en la escuela?
Respuesta del dedo: No

Pregunta: ¿Ocurrió en casa?
Respuesta del dedo: No

Pregunta: ¿Estaba en casa de un amigo?
Respuesta del dedo: No
(Quedándome sin ideas) Voy a contar hasta 5 y a la cuenta de 5 me gustaría que se me viniera a la cabeza un pensamiento sobre dónde

estaba.

1.2.3.4.5. (Pausa) –

Pregunta: ¿Estaba en el hospital?
Respuesta del dedo: Si

Pregunta: ¿Estaba solo en ese momento?
Respuesta del dedo: No

Pregunta: ¿Me habían dado anestesia?
Respuesta del dedo: Si

Pregunta: ¿Se dijo algo durante mi operación que me causó dolores de cabeza?
Respuesta del dedo: Si

Ejercicio cuatro ¿Cuál es mi capacidad de recibir sugerencias hipnóticas?

El Método de globo y libro

Extiende ambos brazos frente a ti y verifica que estén nivelados entre sí. Si eres diestro, gira la mano de modo que la palma mire hacia abajo, mantén la mano izquierda mirando hacia arriba. Si eres zurdo, invierte esto. Cuando estés satisfecho de que tus manos estén niveladas, cierra los ojos e imagina que te colocan un libro pesado sobre tu mano no dominante.

Imagínalo como un diccionario grueso con tapa dura y varios cientos de páginas. Luego visualiza una enciclopedia aún más pesada colocada en la parte superior del diccionario y observa lo pesada que se está volviendo la mano. Puedes continuar visualizando libro tras libro colocándose en la palma de su mano no dominante.

Luego, dirige tu atención a tu mano dominante y visualiza un gran globo brillante lleno de helio con un trozo de cuerda atada a un extremo y el

26

otro extremo anudado sin apretar alrededor de tu mano. Siente cómo el globo se eleva y, mientras lo hace, comienza a tirar de tu mano dominante, haciéndola más liviana y flotando por sí sola. Expresa sugerencias de ligereza y cuando estés listo, abre los ojos.

Si, al abrir los ojos, tu mano dominante está más alta que tu mano no dominante, puedes estar seguro de que tienes la capacidad de aceptar sugerencias fácilmente. Está listo para comenzar tu autohipnosis.

Si, por otro lado, tus manos permanecen niveladas, es posible que debas trabajar en tu habilidad. Probablemente seas una persona muy lógica que tiende a analizar en lugar de hacer las cosas de forma espontánea.

Las afirmaciones pueden ayudarte a superar esta barrera. Tres veces al día, a la misma hora, relájate durante cinco minutos y dí a ti mismo: *tengo la capacidad de aceptar sugerencias que me benefician. Lo creo, lo puedo lograr.*

Repite este ejercicio durante una semana y luego vuelve a ponerte a prueba con el método del globo y el libro.

Diferencia entre tener Fe y Creer

La Fe es lo que pasa en el corazón y la creencia es lo que pasa en tu mente. Tenemos que cultivar ambos y alinearlos. Es importante resaltar que esta conexión entre la Fe que tienes y la creencia crea coherencia. Es decir, tu creencia y tu Fe, se alinean para crear una realidad determinada. Si falta alguno de estos elementos, no vas a conseguir lo que quieres. Debes tener Fe en que lo quieres que pase en tu vida y creerte capaz de tenerlo o de serlo. Es necesario, que tengas claridad. Cuando tienes claridad en tus objetivos, es más fácil tomar las acciones adecuadas para que te conduzca hacia la realidad que tú quieras, pregúntate:

¿Te estas concentrando en lo que quieres ganar o en lo que puedes perder?
¿Te estas centrando en lo que te está yendo bien o en lo que te está

yendo mal?

Si has contestado que te concentras más en lo que puedes perder y en lo que te está yendo mal, estas operando desde la escasez y será difícil reprogramar la mente y por ende tus intentos de autohipnosis no te funcionará para lograr tu objetivo.

Lenguaje hipnótico

Dejando a un lado las imágenes por un momento, quiero discutir el lenguaje que usarás cuando estés usando tu autohipnosis.
Los animales, incluidos los humanos, aprenden por ensayo y error. Todos hemos escuchado el dicho "Aprendiendo de nuestros propios errores", y es cierto, es sólo aprendiendo lo que no debemos hacer, que generalmente aprendemos qué hacer.

En parte debido a esto, todos tenemos una tendencia predominante a anticipar el peor resultado en ciertas situaciones nuevas (a menos que podamos comparar con situaciones similares que ya hemos logrado lograr anteriormente).

Si te digo que no pienses en un elefante azul, ¿qué harías? Tendrías que pensar en ello primero, para no pensar en ello, ¿si entiendes lo que quiero decir?.

En hipnosis, las sugerencias siempre deben expresarse de manera positiva. Por ejemplo, si quieres dejar de fumar, ¿te dirías a tí mismo, no voy a fumar más? Qué tal si dices: estoy realmente orgulloso de no fumar. ¿Qué afirmación suena más positiva? No siempre es fácil pensar en una antítesis para un fumador, después de todo, ¿cómo es un no fumador?

Un ejemplo más sencillo podrían ser las sugerencias para perder peso. En lugar de decir que voy a dejar de comer harinas y azucares refinadas, lo que haría que la mente subconsciente se concentrara en las palabras harinas y azucares, podrías reformular esa oración en una frase más positiva. Estoy comiendo pequeñas cantidades de alimentos nutritivos saludables y adelgazando. Estoy más saludable todos los días.

Se consciente de tu discurso en la vida cotidiana y escucha cómo tus amigos y familiares transmiten sus mensajes.

Ejercicio cinco: Parafraseando

Expresa las siguientes cinco sugerencias negativas en positivas.

Ya no me siento ansioso.
....
....
A partir de este momento ya no me duele el dolor de cabeza.
....
En lugar de estar despierto toda la noche, me iré a dormir inmediatamente si mi cabeza golpea la almohada.
....
....
Ya no le tengo miedo a las arañas.
....
....
Las alturas ya no me molestan.
....
....

Lenguaje permisivo

Si te dices a ti mismo, "tendré más confianza en todos los sentidos", tu mente subconsciente podría pensar: Ah, sí, lo haré, eso podría significar mañana o pasado día. "Tendré" sugiere que no se ha impuesto un límite de tiempo y la sugerencia podría tener lugar en cualquier momento indefinido en el futuro.

Es mucho mejor ser específico (si es posible); piensa en tiempo presente, como si algo ya hubiera ocurrido. Tengo mucha más confianza al hablar con otras personas; la gente como yo y me gusta la gente.

La palabra "voluntad" también puede evocar pensamientos sobre la fuerza de voluntad y ser obligado a hacer algo en contra de la voluntad (harás lo que yo te diga). Una forma más persuasiva de hacer sugerencias podría ser: puedo tener confianza siempre que lo necesite.

Cómo dar sugerencias a tu mente subconsciente

El momento apropiado para dar sugerencias a tu mente subconsciente es cuando estás hipnotizado, es decir cuando estás en trance hipnotico. Cuando otra persona te hipnotiza, no requiere mucho esfuerzo para recordar las afirmaciones y sugerencias. Sin embargo, en el autohipnotismo el esfuerzo de recordar esas sugerencias cuidadosamente redactadas probablemente pudiese interferir con la profundidad del trance que has logrado en este momento.

Decide y escribe tus sugerencias con anticipación

Por lo tanto, es aconsejable decidir de antemano cuáles serán tus sugerencias.

Primero debes definir el problema en el que deseas trabajar. A continuación, piensa en lo que podrías hacer para eliminar tu problema; construye cuidadosamente tus sugerencias y asegúrate de que estén redactadas de manera positiva.

Por ejemplo, si tienes un problema con los juegos de azar, digamos que no puedes mantenerte alejado de las salas de juegos, puedes decidir que una manera fácil seria evitar las salas de juegos, tomar una ruta diferente cuando vayas de compras o pasar directamente por las salas de juegos sin entrar en el sitio.

Por tanto, tu sugerencia podría ser: "Cuando voy de compras, siempre bajo por la calle. . . (Nombre de la calle sin salas de juegos) o "sé dónde comprar exactamente lo que está en mi lista de compras y luego me voy directamente a casa".

Una vez que hayas decidido tus sugerencias, puedes comenzar a inducir la autohipnosis, comenzando con tus sugerencias.

Por ejemplo. "Me voy a hipnotizar durante los próximos treinta minutos. Y mi mente subconsciente puede saber y creer que cuando voy de compras siempre camino por la calle (nombre de la calle donde no está la sala de juegos)".

Establecer un límite de tiempo es útil
Todos hemos tenido la experiencia de irnos a la cama y pensar que debemos despertarnos a una hora determinada, y despertarnos exactamente a esa hora. Nuestro reloj interno está corriendo para nosotros, así que hacédnoslo saber, puede que te sorprendas al descubrir lo preciso que puede ser.

MÓDULO 4
Métodos para inducir el trance autohipnótico - Los Inductores

Objetivos de Aprendizaje:
Al finalizar este módulo el estudiante estará familiarizado con un número de guiones para facilitarte la inducción del trance hipnotico. Entender como los inductores pueden ser utilizados para lograr llevar las ondas electricas cerebrales a un estado de trance.

Hay varios métodos que te pueden ayudar a lograr el estado de trance hipnótico. Nos concentraremos en algunos de las más exitosas:

Método de fijación ocular

Enfoca tus ojos en un punto del techo, en la llama de una vela o en algún objeto brillante que esté preferiblemente situado por encima del nivel de tus ojos, lo que provoca un poco de tensión en los ojos.

Mantén tus ojos enfocados en el punto u objeto elegido y piensa repetidamente para ti mismo:

Mis ojos se vuelven pesados. Mis ojos se vuelven cada vez más pesados, mi visión comienza a nublarse, mis ojos se sienten tensos. Es mucho esfuerzo mantener los ojos abiertos; Sería muy cómodo dejar que mis ojos se cerraran, dejarlos relajarse. Puedo sentirme parpadear cada vez más, mis ojos empiezan a lagrimear, se cansan y se tensan, solo quiero cerrar los ojos y dejar que se relajen.

La redacción no tiene que ser exactamente la misma que el párrafo anterior. Si tus ojos no parpadean en absoluto, no tendría sentido pensar para ti mismo que lo están. Sin embargo, cuando finalmente se cierren, observa lo cómodos que se sienten, lo relajados, lo agradable que es para los músculos oculares dejar de trabajar tan duro para mantener los ojos abiertos. Y sientes una sensación relajante fluyendo por todo tu cuerpo. Desde los ojos, hasta la punta de los dedos de tus pies.

Revisa sistemáticamente el cuerpo en busca de tensión y si encuentras alguna (tensión), déjala ir, relájate, deja que cada uno de tus músculos se relajen, en todo tu cuerpo. Todo a tu manera, en tu propio tiempo, puedes notar que esa sensación de relajación comienza a desarrollarse. Tu respiración puede disminuir a un ritmo cómodo y uniforme a medida que permites que esto suceda. Disfrutando de la extensión de la comodidad a medida que se extiende y toca cada parte de ti, ahora mismo o después de algunas respiraciones.

Cuando te sientas relajado, estarás listo para profundizar, de lo que hablaremos más adelante en el curso.

Método de la caída la moneda

Este es un buen método para niños y adultos por igual. Sostén una moneda brillante entre el pulgar y el índice y estira el brazo frente a ti. Enfoca tus ojos en la moneda y repite:

Mis manos y dedos se relajan. Soy consciente del calor en la palma de mi mano, puedo sentir la temperatura del aire en la piel de mi mano, puedo notar los espacios entre mis dedos y cómo esos espacios entre mis dedos se sienten un poco más fríos que mis propios dedos. Mis dedos están relajados y pronto, muy pronto, la moneda se caerá de mis dedos, y cuando se caiga de mis dedos y toque el piso, será una señal para que deje caer mi mano sobre mi regazo, y mientras siento como mi mano cae sobre mi regazo, eso será una señal para que caiga en una sensación agradable, cálida y cómoda, una sensación muy relajada. Pero no me voy a dormir, me mantengo consciente de lo que pasa a mi alrededor, de cualquier sonido o movimiento u olor, y todo parece tan lejano, tan lejano, nada me molesta, no hay nada más que hacer que relajarme, y lo dejo ir.

Sigue repitiéndote sugerencias similares hasta que la moneda se te caiga de los dedos y tu mano caiga sobre tu regazo, y caigas en esa sensación de trance. Luego use el profundizador de tu elección.

El método del brazo flotante

Ponte cómodo, en tu posición favorita, y centra tu atención en todos los dedos en una de tus manos. Observa la temperatura del aire en la piel de esos dedos y manos. Observe el calor en la palma de esa mano, tal vez sientas una sensación de hormigueo. Toma conciencia de la sensación debajo de las yemas de tus dedos sobre la que descansa tu mano.

Y a medida que se des cuenta de esos dedos y de las sensaciones debajo de las yemas de tus dedos, es posible que desees preguntarte: ¿qué dedo comenzará a moverse primero? ¿Será el dedo índice el que comience a flotar? O el dedo anular, ¿empezará a sentirse ligero? Tal vez sientas que el dedo medio se levanta ligeramente, o tal vez sea el dedo meñique o el pulgar. Podría ser que todos los dedos comiencen a moverse, pero lo más probable es que uno se levante primero y los demás lo sigan. Simplemente sigue preguntándote qué dedo se moverá primero, y cuando uno se mueva, es posible que desees especular sobre qué dedo seguirá su ejemplo, y luego cuál, hasta que todos los dedos y el pulgar se hayan levantado de la superficie de la cual estaban descansando.

Es posible que desees pensar en la mano y el brazo levantados, muy lentamente, hacia arriba y hacia arriba, flotando más y más alto. Y cuando la mano comience a flotar hacia arriba, puedes decirte a ti mismo que tan pronto como toque tu cara, tu mano caerá sobre tu regazo y eso será una señal para que caigas en un trance hipnótico agradable y cómodo.

Cuando esto suceda, proceda con el profundizador de tu elección.

Relajación progresiva

Para este método, seleccionarás uno de los guiones que acompañan a este Curso Práctico de Autohipnosis y lo grabarás, con tu propia voz de forma pausada, con una voz monótona, en una grabadora. Toda la inducción, junto al profundizador, las sugerencias para tu problema particular más apropiadas y el despertar al final (cuenta regresiva). Debes grabarte usando un casete u otro medio de grabación que dispongas, con una duración total de no más 60 minutos, tal vez con música suave y relajante de fondo.

Puedes escuchar tu casete o mp3 todos los días para obtener el máximo beneficio; recuerda elegir la misma hora y el mismo lugar para realizar tu autohipnosis, para obtener el máximo efecto.

Elije un momento y un lugar donde no sea probable que te molesten, descuelga el teléfono o conecta el contestador automático si no hay nadie más disponible para contestar tus llamadas.

Después de escuchar tu casete o mp3, es posible que parezca que te quedas dormido después de unos 5 minutos y luego te "despiertas" justo al final, cuando cuentas en forma regresiva del 5 al 1. Si este es el caso, no te preocupes. Escuchar tu propia voz puede ser una forma muy poderosa de inducir el trance, y el hecho de que estés saliendo del trance cuando haces la cuenta regresiva, significa que no estabas dormido.

Debes intentar escuchar tu casete o mp3 al menos 30 veces para obtener el máximo efecto.

Respiración alternativa

Este método está adaptado de las técnicas de respiración yóguica e implica concentrarse en la respiración del aire sobre revestimiento de las fosas nasales.

Después de sentarte cómodamente y relajarte, debes intentar concentrar tu mente en la respiración a través de tus fosas nasales de forma alternativa.

Solo imagina que estás inhalando por la fosa nasal izquierda y luego exhalando por la fosa nasal izquierda, luego imagina tu fosa nasal derecha y exhalando por la fosa nasal derecha y luego con la fosa nasal izquierda. . . y sigue alternando la respiración muy lentamente. Puedes hacer esto a tiempo con un metrónomo que se establece en 60 latidos por minuto, o simplemente contando hacia atrás desde 100 en cada inhalación. Cuando tu mente comience a divagar (como invariablemente lo hará), lleva tu mente de regreso al punto de conciencia de la respiración de aire en las fosas nasales. Cuando te sientas listo (y sabrás instintivamente cuándo llegue ese momento), imagina que el aire se junta en un punto en el centro de tu frente, el área del tercer ojo, e imagina una puerta allí en la pantalla de tu mente, y que Estás abriendo la puerta.

MÓDULO 5
Los Profundizadores

Objetivos de Aprendizaje:
Al finalizar este módulo el estudiante estará familiarizado con un número de guiones para la profundización del trance hipnotico. Entender como los profundizadores pueden ser utilizados para mejorar la experiencia del trance.

Después de la inducción inicial, es posible que desees profundizar tu trance, nuevamente, hay varios métodos que puedes usar. Selecciona uno de los que se describen a continuación o crea el tuyo propio.

La Escalera

Quizás el profundizador más conocido sea el de escalera. Puedes visualizar una escalera en tu mente y puede ser cualquier escalera que elijas. Podría ser una que hayas visto en la televisión o en el cine, o podría ser una escalera que recuerdes de tu infancia. O tal vez una escalera larga y hermosa que descienda y en forma de caracol. Puede haber una hermosa barandilla ornamentada, con alfombras rojas y pinturas en la pared mientras miras hacia abajo, un tragaluz que envía un rayo de luz solar para bañar las escaleras con un brillo dorado o podría ser una escalera de mármol blanco, del tipo que ves en hoteles.

Solo permítete notar la escalera con todos sus detalles.

Cuando puedas ver la escalera claramente en tu mente, o tal vez estés recordando o pensando en una escalera en particular, entonces dígase a sí mismo que voy a bajar estos 20 escalones, y con cada escalón iré más profundo y más profundamente en la relajación. Cuando llegue al final de las escaleras, estaré completamente relajado y en paz. Iré a mi lugar especial y permaneceré allí hasta que sea el momento de regresar.

En este punto, simplemente te imaginas bajando las escaleras. Usa tu imaginación y siente realmente cada paso bajo tus pies y mientras cuentas en forma regresiva, di las palabras, "más y más relajado" en cada número que cuentes.

El patio

Esta es una variación del método de la escalera. Imagínate que estás parado en un patio con vistas a una hermosa playa o un jardín en la parte inferior, y luego bajas los escalones, lo que te permite relajarte más profunda y cómodamente con cada paso que das para bajar hasta llegar a la playa o al jardín.

El Ascensor

Este profundizador no es adecuado para quienes sienten claustrofobia en los ascensores o sitios cerrados.

Imagínate entrar en un ascensor grande y aireado. En este ascensor hay una silla muy cómoda y en la pared hay un panel de botones, numerados del 10 al 1 y luego PB para la Planta Baja. Presiona el botón que dice PB y siéntate en la silla y relájate mientras el ascensor comienza a descender.

Cada vez que bajes un piso, verás que el botón se ilumina y, nuevamente, siente que te sumerges más y más en la relajación. Dígase a sí mismo que cuando llegues a la planta baja estarás completamente relajado y en paz con el mundo.

Cuando llegues a la Planta Baja, verás cómo se abren las puertas, pero en tu mente, quédate en tu silla cómoda. Dígase a sí mismo que hay un nivel de relajación aún más profundo al que puedes llegar, se llama *El Sótano de la Relajación*, y siente que la elevación se hace cada vez más profunda.

Cuando llegues al fondo, el sótano de la relajación, ves las puertas deslizarse, abriéndose y déjate levantar y flotar fuera de tu silla y fuera del ascensor.

Toboganes, columpios y rotondas

Aunque este es un excelente profundizador para usar con niños, también puede ser bueno para aquellos que todavía son "jóvenes de corazón".

Imagínate en un parque infantil con toboganes, columpios y rotondas. En tu mente, ves a la rotonda o rueda y sube a ella. Luego, siéntate dando vueltas y vueltas y vueltas.

Después de un rato, te bajas de la rotonda, te sientes un poco mareado y corres hacia los columpios. Siéntete sentado en un columpio y empuja las piernas hacia atrás mientras el columpio va hacia atrás y luego hacia afuera hasta que te empieces a mecer en el columpio. Siente la cadena que sostiene el asiento del columpio que estás agarrando con tus manos, una a cada lado, tu trasero en el asiento, y siente que comienza a subir más y más y más alto. Entra en esa sensación del patio del recreo. Yendo hacia adelante y hacia atrás, adelante y atrás, adelante y atrás, adelante y atrás.

Y cuando estés listo para profundizar tu trance, disminuye la velocidad, bájate del columpio y dirígete al tobogán. Sube los escalones del tobogán agarrándote del costado. Cuando llegues a la parte superior del tobogán, haz una pausa allí por un momento o dos y estarás listo para deslizarte, todo el camino hacia abajo, más y más profundamente hacia abajo.

Llama parpadeante

Este profundizador utiliza imágenes visuales de la llama de una vela. Simplemente mantén la imagen de la llama de la vela en el ojo de tu mente. Mírala parpadear constantemente a veces, observa los colores, el aura alrededor de la llama y concéntrate realmente en la llama de la vela.

Luego imagina que la cera alrededor de la llama comienza a derretirse. Y a medida que se derrite, gotea hacia abajo y hacia abajo y hacia abajo. A medida que la llama parpadea y arde, la cera se derrite, al igual que tu cuerpo se siente como si se estuviera derritiendo ahora mismo, derritiéndose, relajándose, volviéndose pesado y relajado, cómodo y pesado, relajado y cómodo. Bajando por todo el camino, más y más relajado.

Cama de pétalos

Imagínate bajando a una hermosa piscina cálida. Llevas tu mejor traje de baño y puedes sentir el agua tibia alrededor de tu cuerpo. Flotando en el agua hay un lecho de pétalos de rosa y, cuando te sumerges en el agua, los pétalos forman una especie de capullo alrededor y debajo de ti, hasta que estás flotando sobre un lecho maravillosamente suave hecho con fragantes pétalos de rosa.

ll de rosas, una rica rosa roja profunda, con pétalos de suave terciopelo.

Ese perfume embriagador está en tus fosas nasales, puedes recordarlo tan bien, experimentarlo ahora, esa hermosa fragancia de pétalos de rosa recién caídos.

Mientras estás acostado en tu cómodo lecho de pétalos de rosa, realmente puedes sentirte flotando y flotando, flotando y flotando. Puedes sentir todo tu cuerpo sostenido por el agua y los pétalos y el calor del aire en la parte superior de tu cuerpo, e incluso cuando el cielo se oscurece y cae la noche a tu alrededor, te sientes de un forma quieta, cómoda y relajada, así que te sientes de una forma muy, muy relajada.

La estrella

Imagínate una hermosa y cálida noche de verano, el olor a jardín perfumado está en el aire quieto, el cielo es de un negro aterciopelado y allá arriba, en el cielo, a millones y millones de millas de distancia hay una estrella. Una sola estrella plateada, solitaria, a millones de millas de distancia.

Mantén tu mente enfocada en esa estrella, allá arriba en el cielo. Nada más importa, nada a tu alrededor para ver, oír o sentir, solo esa única, solitaria estrella plateada, centelleando, centelleando hacia ti. Mientras enfocas tu mente en esa única estrella plateada solitaria allá arriba en el cielo negro y aterciopelado, imagina que esa estrella comienza a hacerse más grande y brillante, más grande y brillante con cada segundo que pasa, y esa estrella parece estar acercándose a ti a medida que se hace más grande y brillante.

Ahora imagina que te estás aproximando a través del espacio y el tiempo, hacia esa estrella, todo el tiempo la estrella se vuelve más brillante y grande e intensa a medida que te sientes atraído hacia tu estrella. Es como si ahora estuvieras viajando a través de un túnel y al final del túnel está tu estrella, y te estás acercando cada vez más y más.

En un momento estás tan cerca de la estrella que sientes la luz a tu alrededor, y puedes sentir que tu cuerpo se vuelve más liviano, más liviano que el aire, más liviano en peso, menos intenso en color, hasta que se desvanece por completo el color y no quede ningún peso en ti, mientras te conviertes en esa estrella, allá arriba en el cielo, parpadeando, brillante y centelleante, una sola estrella plateada solitaria, mirando hacia la tierra desde millones y millones de millas de distancia.

Cuando te sientes convirtiéndote en esa estrella, allá arriba en el cielo, a través del tiempo y el espacio, te das cuenta de lo pequeño e insignificante que es todo allí abajo. Y puedes sentirte saliendo de tu cuerpo, flotando, sintiéndote ligero, más ligero que el aire, de un color más claro, solo esa única estrella plateada, centelleando desde los cielos.
Puedes sentir que te relajas más y más profundamente, mientras te desplazas y flotas, flotas y flotas, flotas y flotas todo el camino hacia arriba.

MÓDULO 6
Cómo visualizar tu refugio mental

Objetivos de Aprendizaje:
Al finalizar este módulo el estudiante estará capacitado para crear el refugio mental o lugar especial donde se ubicará para realizar su autohipnosis con la ayuda de la visualización mental.

Ahora que has aprendido a inducir el estado de trance y a profundizar tu autohipnosis, puedes comenzar a hacer un uso real de tu maravillosa imaginación creativa visualizando ciertas escenas, lo que llamamos el escenario de tu refugio mental.

La visualización ideal será aquella que te resulte relajante. Si odias el mar, no uses una visualización de isla tropical, si sufres de alergia del heno, usa una alternativa a la visualización del jardín, y así sucesivamente.

Si tienes un recuerdo particularmente feliz de un momento y lugar muy especial en tu vida, esta será la elección obvia para ti. Trae todos los sentidos, por ejemplo, si te visualizas en un bosque, te percatas del crujir de las hojas bajo sus pies o la corteza áspera de un árbol, oye los sonidos de la naturaleza, tal vez un arroyo burbujeante y huele la tierra del bosque.

¿Hablar en primera o segunda persona?

Si estás grabando estas visualizaciones, habla en segunda persona y no en primera. Por ejemplo, puedes escuchar el sonido del agua en lugar de que yo escucho el sonido del agua. Por supuesto, si los estás repasando mentalmente, deberás revertir esta instrucción y usar la primera persona.

A continuación de doy algunos ejemplos para que te den una buena idea para crear tu propio refugio mental.

Isla tropical

Imagínate ahora, caminando por una hermosa isla tropical. Estás disfrutando de la hermosa vista; el hermoso mar azul, la suave arena blanca y el cielo azul claro. Mientras paseas lentamente por la playa, puedes sentir el calor de la suave arena blanca bajo tus pies descalzos.

Puedes escuchar el sonido del agua, acariciando suavemente la orilla y tal vez haya una o dos palmeras allí. Imagínatelo ahora, esta hermosa y pacífica isla tropical bajo el sol. Todo es tan pacífico, todo es tan tranquilo, y tomas en tí mismo este sentimiento de calma y paz. Tomas en ti mismo, este encantador sentimiento de calma y paz.

Este es un lugar perfecto para ti. Es tu paraíso. Es su propia isla, tu propio lugar donde puede venir y relajarse en cualquier momento que desees. Es tu propio lugar, muy especial, donde nada importa; el mundo entero parece tan lejano, mientras paseas por esta hermosa y pacífica isla tropical bajo el sol.

Quiero que sepas y recuerdes que este lugar especial está disponible para que vengas en cualquier momento que desees. En cualquier momento, cuando lo desees, puedes venir aquí y sentir esta misma sensación de calma, de relajación, de dejarse llevar. Solo relájate y déjalo ir. Y disfruta de este maravilloso lugar que has creado, dentro de tu mente.

Mientras paseas lentamente por una hermosa y cálida playa tropical, puede oler el aire fresco del mar. Solo huele el aire fresco y salado del mar. Respire ese aire fresco y salado del mar y sienta la frescura y la fuerza que le brinda, mientras camina lentamente por una hermosa y tranquila playa tropical. Sintiéndome tan tranquilo. Sintiéndome tan relajado y tan tranquilo.

Te hace sentir tranquilo. Te hace sentir relajado y en paz con el universo. Imagínate ahora, caminando hacia el mar. A medida que te acercas a ese hermoso mar azul, puedes sentir que la arena se vuelve más dura y húmeda, todavía está caliente, pero puedes sentir el agua tibia mientras se dibuja con la arena, entre los dedos de los pies, mientras tus pies dejan sus huellas en la humeda y cálida arena.

Ahora, dejando el mar atrás, camine de regreso a la playa y busque un lugar suave y seco para sentarse, relajarse y dejarse llevar. E imagínate sentado en la arena blanca, suave y seca, sintiendo el calor del sol en tu cuerpo, la más suave de las brisas contra su rostro, mientras te relajas y te sueltas, simplemente te relajas y te dejas ir.

Recuerda, puedes venir aquí en cualquier momento que desees. En cualquier momento, puedes venir aquí, relajarte y dejar ir todo con el poder de tu propia mente. Todo lo que necesitas hacer es relajarte y dejarte llevar, relajarte y dejarte llevar, ir más y más profundamente, más y más relajado, más y más cómodo, más relajado, más desapegado. Y debido a que estás profundamente relajado, todas y cada una de las sugerencias que hago penetran profundamente en tu mente. Cada vez más profundo, cada vez más relajado.

Este es tu refugio mental.

Tranquilidad

Ve más y más profundo en tu interior, a ese maravilloso lugar tranquilo que descansa profundamente dentro de ti. Tu espacio tranquilo, tu lugar cómodo, tu lugar maravilloso y creativo desde donde surgen tus sueños. Tu refugio mental.

A medida que profundizas en ese lugar silencioso dentro de ti, me pregunto si puedes ser consciente de los sonidos que te rodean. Quizás algunos sonidos que no habías notado antes, quizás el tic-tac del reloj, o el sonido del tráfico que pasa, tu respiración, o quizás solo el sonido del silencio.

Mientras haces esto, simplemente escuchando el sonido de mi voz, permítete estar de acuerdo con las cosas que estoy diciendo y deja que tu imaginación trabaje contigo. Y escuche atentamente a tu mente interior y permítete quedarte tan silencioso como una hoja que cambia de color mientras flota suavemente y se dirige hacia el suelo. Tan silencioso como el sonido de un bebé dormido. Tan silencioso como una pluma, flotando suavemente con la brisa. Tan silencioso como una llovizna de verano.

Tan silencioso como la luz del día que emerge con el atardecer de la mañana. Tan silencioso como una luna llena proyectando sombras en la pared. Ahora permítete relajarte aún más, más y más profundamente. Y me pregunto si alguna vez has notado cómo, cuándo a veces te adentras en ti, alguien puede estar hablando contigo, pero no escuchas una sola palabra. Estás a miles y miles de millas de distancia, en ese lugar especial dentro de ti. Aunque no escuches una palabra, estás escuchando con tu mente interior. Y si estás lo suficientemente consciente como para seguir escuchando mi voz, o incluso si estás en lo más profundo de ti mismo, o en esa casa a mitad de camino, debes saber que lo que he dicho está en tu mente interior.

A medida que pasa el tiempo, los recuerdos de lo que he dicho, mezclados con tu maravillosa imaginación creativa, se convertirán en parte de tu conciencia, flotando en tu mente pensante consciente.

Mi Jardín privado

Imagínate ahora que estás parado en un balcón con vista a un hermoso jardín. Es una hermosa y cálida tarde de verano y el aire está impregnado del fragante olor de las cepas perfumadas y otras hermosas flores. Parte del jardín está escondido y tienes muchas ganas de ir allí. Diez escalones bajan desde el balcón hacia el jardín y comienzas a caminar por los escalones, contando conmigo en tu mente mientras bajas

10 9 8 7 6 5 - 4 3 2 - 1

Ahora estás parado en la parte inferior de los escalones, y se puede ver un pequeño camino de piedra gris que serpentea a través de un arco de madera hacia el jardín privado. La clemátide con flores se aferra al arco y hay sauces llorones a ambos lados. Los pájaros cantan melodiosamente en los árboles y hay una suave brisa que puedes sentir en tu piel y en tu cabello.

Caminando por el jardín se respira el aire de la noche con aroma común y se siente la tranquilidad y la calma que le brinda. Aquí hay paz y te hace sentir tranquilo, te hace sentir tan relajado y te llevas esa sensación de calma y relajación. Experimente esto ahora, una hermosa sensación de calma y relajación. Te hace sentir bien, te hace sentir relajado. Te estás convirtiendo en esa persona más tranquila, relajada y segura. Y mientras su mente subconsciente memoriza estos maravillosos sentimientos, quiero que recuerde que puede relajarse así en cualquier momento que desee.

Todo lo que necesita hacer es cerrar los ojos por un momento y pensar en la palabra CALMA. La palabra CALMA. Es solo una pequeña palabra, pero tiene efectos tan beneficiosos. E inmediatamente te sentirás igual de tranquilo, igual que relajado, como lo haces en tu jardín privado.

Imagínate ahora la palabra CALMA, imagínela escrita allí en tu mente, en la pantalla de la mente, justo dentro de la frente la palabra CALMA. O escucha la palabra que se dice en tu mente, puede ser mi voz o la tuya, o alguna otra voz que puedas reconocer o no. O simplemente siente la palabra CALMA en el centro de tu ser. Esta calma se genera en todos los niveles de tu ser; cada célula de tu cuerpo recibe la sensación de CALMA y paz.

Colores

En unos momentos te voy a pedir que imagines ciertas cosas. No te preocupes si realmente no puedes "verlos" en tu mente, simplemente permítete recordar, o pensar, lo que estoy diciendo.

Quiero que pienses en una noche estrellada, imagínate mirando hacia la oscuridad aterciopelada y contemplando los millones de estrellas, de las cuales solo unas pocas están disponibles a simple vista. Y una luna llena y redonda. Una hermosa grande, llena y redonda luna Blanca. Casi puedes ver una cara de la luna y un halo que la rodea mientras arroja su luz desde el cielo nocturno negro.
(Haga una pausa de aproximadamente un minuto después de cada una de las visualizaciones).

Ahora quiero que imagines que estás mirando una puesta de sol gloriosa. El cielo brilla con una luz escarlata y naranja ardiente. Imagina esa puesta de sol elevándose sobre el horizonte.
Ahora imagina un cielo azul grisáceo con nubes oscuras que lo atraviesan. ¿Alguna vez has mirado al cielo en un día ventoso y te has preguntado qué tan rápido parecen moverse? ¿O notaste la forma de las nubes? ¿A veces un rostro, o alguien tendido en el cielo, protegiendo la tierra debajo?

Y al bajar a la tierra quiero que visualices un hermoso prado verde. Esparcidos por la hierba hay parches de margaritas blancas con centros amarillos, trébol púrpura y ranúnculos amarillos brillantes.

Una hilera de árboles bordea el lado izquierdo de tu vista y te maravillas con los diferentes tonos de verde en la naturaleza.

Ahora imagina un hermoso lago azul, y estás descansando en un bote, en este lago. Alguien más puede remar. Las ondas en el agua te recuerdan las ondas de la conciencia, que afloran a tu conciencia.

Si estuvieras en el fondo del lago, podrías mirar hacia arriba y ver la parte inferior del bote, o ver tus pensamientos revoloteando en tu mente, como pájaros jóvenes que aprenden a volar. Y en tu bote puedes sentirte balanceándote de un lado a otro, balanceándote suavemente, de lado a lado, a medida que avanzas más y más hacia abajo, en un suave descanso hipnótico. Y puedes entrar y salir del trance.

Puedes ir más y más profundamente hacia tu interior, en un suave descanso hipnótico. Sentirte más que nunca más relajado, más tranquilo y calmado. Simplemente disfrutando de esta tranquilidad y calma, a medida que profundizas más y más.

Paseo por el bosque

Imagínate ahora, caminando por un hermoso bosque. Los árboles altos y majestuosos te rodean, es un día fresco de otoño y el sol es bastante cálido mientras estás afuera. El suelo del bosque es una alfombra de hojas rojas, doradas y amarillas que crujen bajo tus pies mientras tratas con cuidado ramitas, ramas rotas y piñas caídas.

Más adelante y más abajo en una pequeña orilla, un arroyo serpentea sigilosamente a través del bosque; a medida que se acerca, notas que el arroyo es bastante poco profundo, el agua que fluye, cristalina, piedras redondas planas colocadas estratégicamente debajo del agua proporcionan un punto de cruce fácil.

Grupos de campanillas cuelgan de la cabeza y arcos de hongos como hadas saludan tus ojos. Miras a los insectos hacer su trabajo diario, libélulas plateadas y pequeñas hormigas negras que pasan corriendo.

Los pájaros cantan con la brisa, las ardillas trepan por los árboles; haces una pausa y descansas para mirar, mientras la naturaleza pasa. Apoyado en un árbol, puedes sentir la aspereza de su corteza y oler la tierra suave y húmeda bajo tus pies.

Todo es tan pacífico aquí, tan calmado y tranquilo, tan relajante. Tomas una respiración larga, lenta y profunda del aire fresco del bosque, respirando esa sensación fresca, relajante y pacífica. Espirando tensión, respirando ansiedades, relajándote, soltando. Simplemente relájate y disfruta de esta maravillosa experiencia. Me voy a quedar callado por unos minutos, aprovecha estos momentos que te permitirán absorber realmente los sentimientos de paz de este maravilloso lugar, y la próxima vez que escuches mi voz, estarás completa y totalmente relajado.

Viaje a un río

He encontrado que esta visualización es muy útil para las personas que disfrutan de un día tranquilo junto al río.

Imagínate ahora en tu lugar favorito junto al río. Es un hermoso y cálido día de verano, el día perfecto para un viaje de pesca. Ya estás aquí, en tu lugar junto al hermoso río azul, tu aparejo de pesca está listo a tu lado; estás usando ropa adecuada y todas tus necesidades físicas y mentales han sido satisfechas, y no hay absolutamente nada que puedas hacer, excepto relajarte, dejarte llevar y disfrutar de tu día tranquilo y apacible.

Sientes el calor del sol en tu cuerpo, relajándote, calentándote suavemente por todas partes, tus brazos, tu rostro, tus piernas y tu estómago, están completamente calientes y relajados, completamente en paz. Hay una suave brisa que acaricia tu piel y tu cabello. Todo es tan tranquilo aquí, tan tranquilo y relajante.

Descansando aquí a la orilla del río, con el calor del sol en tu cuerpo, todo es tan pacífico y silencioso que podías escuchar caer un alfiler, y mientras un pez chapotea en el agua recuerdas que tienes tu aparejo al costado de ti, y ya estás listo, tienes todo lo que necesitas, para abordar tu problema, de una vez por todas. Tienes la habilidad, la experiencia y el conocimiento. . . (Continúa describiendo las sugerencias para abordar tu problema).

Paseo en bote

Esta es una visualización agradable y sencilla.

Imagínate que estás en un barco encantador y cómodo y que navegas por un hermoso río. Es un día de verano gloriosamente cálido, puedes sentir el calor del sol en tu cuerpo mientras el bote se mueve suavemente río abajo, balanceándose ligeramente de lado a lado, de lado a lado, mientras navegas.

Tus brazos se estiran a tu lado y descubres un trozo de cuerda atada al interior del bote. Siente la aspereza de la cuerda, mientras recorres con los dedos su longitud, y puedes sentir el balanceo, de lado a lado, de lado a lado, mientras avanzas.

Mirando por el costado del bote se ven cardúmenes de peces, bailando en el agua azul clara. Los pastos del río enmarcan el viaje que estás a punto de emprender, el barco avanza por el río, sin necesidad de moverse, sin necesidad de moverse, hablar o pensar, simplemente sé tú mismo. Alguien más está al mando, este es tu momento, tu momento especial, para relajarte y dejarte llevar.
Así que recuéstate en tu barco y disfruta del viaje que estás a punto de emprender.

El paisaje puede cambiar o incluso desaparecer de la vista de vez en cuando, pero eso no te molesta, no te importa, porque no hay nada que puedas hacer en este momento, pero relájate, déjate llevar y disfruta de estos maravillosos sentimientos y tu hermoso lugar mientras navegas por el río.

Meciéndose suavemente de lado a lado, de lado a lado, como un bebé en los brazos de su madre, meciéndose y meciéndose, de lado a lado, de lado a lado, moviéndose suavemente río arriba.

Caminata de montaña

Imagínate ahora que estas en contacto con la naturaleza, en una hermosa ladera de la montaña. Puedes respirar el hermoso y limpio aire de la montaña, tan fresco y limpio. Simplemente respira ese aire ahora mismo, a través de la nariz, llena tus pulmones con ese maravilloso aire puro y fresco de la montaña, y contén cada respiración durante la cuenta mental de tres, luego respire todo por la boca.

Y mientras respiras ese aire maravilloso, fresco y limpio, estás disfrutando de la hermosa vista y puedes ver millas y millas a la redonda. Aquí arriba tienes una vista de pájaro, y abajo hay senderos sinuosos que serpentean por la montaña.
Imagínatelo como un hermoso y cálido día de verano. Hay un hermoso cielo azul brillante, con solo una extraña nube blanca y esponjosa flotando, puedes sentir el calor del sol brillando sobre tu cuerpo, haciéndote sentir bien, haciéndote sentir relajado.
Imagina, si quieres, la sensación de una suave brisa que sopla de vez en cuando sobre tu piel y tu cabello. Esto te hace sentir bien, te hace sentir relajado.

En el suelo cercano, escondidas entre las aulagas, hay unas hermosas flores de montaña asomando sus cabezas a través de la maleza. Y más adelante se ve y se escucha un chorro de agua que desemboca en una maravillosa cascada. Este es tu paraíso, tu hermoso lugar donde puedes venir y relajarte en cualquier momento que quieras; donde puede dejar de lado cualquier problema o preocupación que esté arruinando su vida. Recuerda siempre que puedes venir aquí en cualquier momento que desees, todo con el poder de tu propia mente. Todo lo que necesitas hacer es relajarte.

Muy pronto llegas a unos escalones de piedra cortados en la ladera de la montaña. Hay diez escalones que conducen suavemente hacia abajo y alrededor. Junto a estos escalones de piedra hay una barrera hecha de cuerda, que tiene una base que se sujeta al suelo con postes. En un momento te pediré que bajes los escalones y los contaré uno por uno. Mientras caminas hacia abajo, siente que vas bajando más y más, hacia la comodidad y la relajación.

10 9 8 7 6 5 4 3 2 1 0

Al llegar al final de los escalones, te das cuenta de que has llegado a una pequeña meseta donde puedes hacer una pausa y descansar un rato. Así que busca aquí un lugar cómodo para descansar y contemplar la maravillosa vista que te rodea. En la distancia hay picos cubiertos de nieve, y hay otra montaña allí, que parece tan cerca y tan lejos. Sientes como si pudieras caminar rápidamente hacia la otra montaña, pero te das cuenta de lo engañosa que es tu perspectiva desde aquí.
Mirando hacia abajo, puede ver que has recorrido un largo, muy largo camino. Te sientes un poco cansado y te sientas a descansar y disfrutas de la maravillosa vista.

Ejercicio seis: Crear tu propia visualización - El Ensayo Mental

Escribe tu propia visualización, basada en tu lugar favorito. Cuando hayas terminado, grábalo con tu voz y reprodúcelo para probar el efecto que tiene en ti.

MÓDULO 7
Las Sugerencias para solucionar tu problema

Objetivos de Aprendizaje:
Al finalizar este módulo el estudiante estará capacitado para crear sus propias sugerencias para solucionar su problema una vez identificado y realizar sus propios guiones hipnoticos adaptado a sus problemas específicos.

Si planeas grabar tu procedimiento de autohipnosis, necesitarás incluir las sugerencias para superar tu problema, en esta etapa (luego del inductor y profundizador). Sin embargo, si simplemente vas a repasar todo esto en tu mente, entonces probablemente estarás demasiado relajado en esta etapa cuando hayas alcanzado el trance hipnotico para recordar alguna sugerencia.

En la autohipnosis no siempre es necesario repetir frases como lo harías con la hetero-hipnosis (un estado hipnótico creado por otra persona, que incluye escuchar cintas, mp3 o CD). Por lo tanto, las sugerencias se mantienen de una forma simple, y si no vas a grabar un casete o mp3, debes intentar escribir tus sugerencias en tarjetas que te leerás a ti mismo antes de comenzar el procedimiento hipnótico.

Aquí voy a resumir brevemente algunas de las sugerencias que puedes utilizar, dependiendo de tu problema. No dudes en modificarlos si es necesario. Más adelante aprenderás a simplificar aún más estas sugerencias, mediante la forma de afirmaciones.

Si tu intención es grabar los guiones descritos, entonces será necesario utilizar cualquiera de los fundamentos que consideres que se ajustan a tu problema. Por lo general, se habla mejor en segunda persona, mientras que las afirmaciones se dirán o pensarán en primera persona.

Guiones Hipnóticos de Problemas Comunes

Problema 1
Guión "Decir adiós a los dolores de cabeza"

Imagina tu dolor de cabeza como una forma o un color, tomando forma en tu cabeza. El dolor de cabeza tiene un mensaje para ti (Pausa) y escuchas lo que te está diciendo.

Puedes sentir la posición de la incomodidad en tu cabeza y sorprenderte gratamente al descubrir que puedes moverla. Tu dolor de cabeza puede tener un nombre porque es parte de ti.

Ahora mira un autobús frente a ti. Un gran autobús rojo, un autobús londinense de dos pisos con escalones que conducen al autobús y escalones que conducen al piso de arriba. En el costado del autobús hay algo escrito, ¿puedes ver lo que dice? (Pausa).

Ahora (nombre dado al dolor de cabeza) le gustaría moverse, viajar más lejos. Puedes proyectar (nombre) en el autobús y decirle adiós. Saber (nombre) tiene una función positiva en tu vida y puede volver a recordarte cuando no estás haciendo las cosas bien. El autobús se aleja lentamente al principio, bajando por la carretera, haciéndose cada vez más pequeño a medida que se aleja cada vez más.

A medida que el autobús desaparece en la esquina, comienzas a sentirse mucho más cómodo. El espacio en tu cabeza donde estaba (nombre) se está llenando con una luz suave, suave, una luz verde pálida, una luz curativa que calma y calma todos los sistemas de tu cabeza.

Adaptando el guión 1

El guión se puede adaptar para ayudar a reducir el dolor en cualquier parte del cuerpo, pero al usar la hipnosis para aliviar el dolor, es importante, en primer lugar, buscar consejo médico para cualquier dolor o malestar inusual o persistente. El dolor es realmente tu amigo; está tratando de decirle que algo no está bien en su cuerpo.

Adapta el guión para el dolor de artritis, dolor de muelas, dolor del miembro fantasma, secuelas de quemaduras y escaldaduras y cualquier otro dolor que haya sido investigado por su médico de cabecera.

Problema 2
Guión "Decir adiós a los nervios cuando haces presentaciones y exámenes"

Cuando piensas en hacer tu examen o hacer una presentación, te das cuenta de que los sentimientos que antes calificabas como nervios son, en realidad, emociones. Y la razón por la que sientes esos sentimientos es porque realmente estás empezando a tener ganas de hacer la presentación. Lo ves como una oportunidad para demostrarte a sí mismo y a los demás, tu capacidad natural para triunfar.

Lo ves como una oportunidad para sobresalir, brillar, proyectarte de manera positiva, demostrar que sabes lo que estás haciendo y has aprendido bien tu curso. Y todo lo que has aprendido lo has retenido en tu poderosa mente, y lo recuerdas a gusto, retienes todo lo que necesitas recordar.

Cuando estás haciendo tu presentación, no importa si es con un grupo grande de personas o solo unas pocas - descubres que puedes concentrarse en tu discurso (y demostraciones) - y recuerdas fácilmente todo el tema de tu presentación.

Hablas con claridad y confianza, hablas con facilidad sobre todo lo que quieres decir, frente a una o dos personas o frente a un grupo de personas.

Todo lo que has aprendido en tu curso se conserva y recuerda con facilidad. Y como te sientes tan tranquilo y relajado, te expresas con calma y confianza.

Proyectas tu personalidad naturalmente cálida y te sientes completamente a gusto. Calmado y seguro. Tienes un tremendo poder de concentración; tu mente está muy alerta y concentrada. Te resulta fácil concentrarse por completo en el asunto en cuestión. Te pones erguido y mantienes un buen contacto visual con las personas que miran tu presentación, tu garganta y pecho están relajados y te sientes y suenas muy natural, muy inteligible, hablas con gran facilidad, te sientes muy relajado y alerta, tu mente concentrada y centrado en el asunto en cuestión.

Ahora visualiza la parte final de la presentación cuando te informen que has superado esta etapa y no solo lo lograste, sino que lo hiciste excelentemente, sobresaliente. Tu (tutor) te está felicitando, felicitándote por una excelente presentación. Escucha las palabras exactas que te dicen y observa los sentimientos de orgullo dentro de ti. Ese hermoso y cálido resplandor de satisfacción. Te programas para el éxito, y porque esperas tener éxito, tienes éxito, lo haces muy bien, sobresales.

Problema 3
Creación de su propio guión de mejora deportiva

En la psicología del deporte se enseña a los deportistas a ensayar mentalmente la jugada, haciéndola correcta y precisa en cada detalle, para que puedan sobresalir en el rendimiento.

La visualización o el ensayo mental son efectivos porque cuando imagina una actividad, las neuronas de su cerebro se activan exactamente de la misma manera que lo seguirían si realmente estuviera realizando esa actividad.

Al establecer tu objetivo de manera positiva, estás afirmando tu propio comportamiento exitoso.

Empieza por escribir tu objetivo aquí:

....
....

Los principales obstáculos que encontrarás en tu camino hacia el éxito son:
• Miedo a la compensación etition
• Miedo al fracaso
• Sentirse intimidado
• Miedo a la humillación

Si reconoces otros miedos, escríbalos aquí ahora:
....
....
....

Ahora piensa en tus miedos y ve como puedes cambiarlos. Si tienes miedo de no ser lo suficientemente bueno y crees que puedes ser humillado, recuerda que has practicado tu deporte a la perfección y que eres tan bueno, si no más, comparado con los demás. Eres más joven, tienes más energía y más vitalidad. Imagina a los espectadores animándote, gritando para que ganes, aplaudiéndote cuando recoges tu trofeo.

Recuerda, si te dices a tí mismo que no puedes hacer algo, no lo harás. Trata de ser positivo el 150% del tiempo.

Escribe tu guión, basado en cada movimiento del deporte en particular que hayas elegido:

Imagínate jugando el juego perfecto. Imagínate actuando y reaccionando de una manera positiva y segura; estando muy alerta, moviéndose con gracia, cada músculo de tu cuerpo en armonía con tus pensamientos positivos. Imagínate retrocediendo, avanzando, observando y experimentando cada movimiento, sintiéndote a gusto, alerta y con la mente despejada. Puedes ver todo a tu alrededor y tus acciones y reacciones son rápidas, tus reflejos son perfectos y te sientes maravilloso.

Si tu deporte consiste en sostener un bate, siente su mango en tu mano izquierda o derecha y tu brazo balanceándose mientras se mueve hacia la dirección de la pelota, la ráfaga de viento silbando cuando golpea la pelota. Siente la superficie del suelo bajo tus pies mientras corres con facilidad hacia tu siguiente posición. Recuerda tus sugerencias positivas. Por ejemplo: puedo tener éxito en todo lo que me propongo. Cada movimiento exitoso, cada jugada exitosa, está impresa en mi maravillosa mente subconsciente.

Problema 4
Guión "Decir adiós a sentir verguenza de ruborizarse en público"

El rubor es una respuesta física a una causa emocional que puede causar angustia extrema y vergüenza para algunas personas. Este guión te permite controlar esta respuesta:

Recuerda ahora las cosa más vergonzosa que te hayan pasado. Recuerda la situación en general, quién estaba presente, qué estabas haciendo, dónde estabsa, qué se dijo, la hora del día o la época del año primavera, verano, otoño, invierno. Dia soleado o dia lluvioso.

A medida que recuerdes lo que sucedió o lo que se dijo, quiero que recuerdes también cómo tu rostro comenzó a sentirse cálido, tal vez sentiste un poco de hormigueo, la piel en tu rostro se calentó suavemente. A medida que la cara comienza a sentirse cálida y con hormigueo, comienzas a enrojecerte y eres consciente de que te estás ruborizando.

Ahora imagina una regla de un metro de altura, de pie frente a ti. Ahora imagina hay números marcados en la regla, en la parte inferior de la regla hay un cero y allí arriba, en la parte superior, está el 100. Un punto muestra cómo te sientes ahora. Cuanto mayor sea el número, más fuerte será el rubor, cuanto menor será el número, más fresco se sentirá tu rostro. En este momento tu cara está caliente y roja, y el número está hacia arriba.

Quiero que descubras que puedes controlar tu rubor bajándolo. Empuja el puntero completamente hacia abajo. Empuja el puntero hacia abajo en tu mente, empuja, empuja, empuja hacia abajo. Bien, y tu cara ya comienza a sentirse más fresca y fresca, comienza a sentirse más cómoda y feliz.

Cada vez que sientas que te vas sonrojando, simplemente presiona el puntero hacia abajo, solo presiona, presiona, presiona el puntero hacia abajo, en tu mente, y pronto notarás que tu rostro se vuelve mucho más fresco y más fresco que antes.

Ahora contaré hasta cinco y te despertarás sintiéndote fresco, relajado y cómodo. Uno, dos, tres, cuatro cinco.

Adaptando el guión 4

De la misma manera que puedes controlar las respuestas físico-emocionales como sonrojarse, puedes controlar la presión arterial, el dolor, el malestar, la ansiedad y una serie de otros problemas. Por ejemplo:

"Siempre que piensas en los cigarrillos, ves la regla en tu mente. Observa en qué parte de la regla se encuentra tu deseo de fumar un cigarrillo y muévelo hacia abajo mentalmente. Bájalo a cero y, mientras lo haces, encontrarás que todos los pensamientos sobre cigarrillos abandonan tu mente y te sentirás maravillosamente tranquilo y en control. Te encanta la sensación de no ser fumador, y cada día estás más motivado y decidido a seguir siendo un no fumador"

Problema 5
Guión "Decir adiós al miedo a las inyecciones"

Ahora, mientras está acostado cómodamente con los ojos cerrados, cómodo y consciente de que estás aquí porque deseas aprender a usar tus propias habilidades subconscientes para ayudarte a eliminar la ansiedad que experimentas cuando visitas al médico para una inyección.

Así, cuando comiences a relajarte y a caer en trance, más profundo ahora estando en un profundo estado de trance: quiero que te tomes tu tiempo, no vayas demasiado rápido todavía, porque hay algunas cosas que debes comprender primero, así que escucha con atención ahora.

Primero, debes comprender que ya tienes la capacidad de perder la sensacion en un area especifica en tu cuerpo puede ser un brazo, o una mano, y tienes la capacidad de no preocuparte por dónde exactamente es: si fue el pulgar en esa mano, el muslo en esa pierna, o todo tu cuerpo, a lo que a veces puede parecerte que requiere demasiado esfuerzo para prestarle atención.

Debido a que tienes una habilidad, una habilidad subconsciente, puedes aprender a usar la habilidad para apagar la sensación en ese brazo, esa pierna o incluso tu cara, tu mandíbula, tu encía, de hecho, en cualquier lugar.

Y una vez que descubras cómo te sientes al no sentir nada en absoluto, cuando quieras o necesites que eso suceda, puedes crear una sensación de insensibilidad cómoda en cualquier momento, en cualquier lugar que sea útil para ti.

No sé si tu mente inconsciente puede permitirte descubrir primero esa sensación de entumecimiento en la mano derecha o en un dedo de la mano izquierda: una pequeña área de entumecimiento, una sensación cómoda y cosquilleante, un entumecimiento pesado y envolvente, eso parece para extenderse en el tiempo - sobre el dorso de la mano - cubriendo esa mano - o cualquier parte de ti a la que dirijas tu atención -

simplemente se desvanece - pero no sabes cómo se siente sentir que algo que no está allí.

Así que me gustaría que te acercaras a esa zona cómoda y entumecida - esa mano cómoda y entumecida - ahora tócala y siente ese toque - cuando empieces a pellizcarte allí - una sensación de la que puedes ser consciente al principio, pero a medida que continúas pellizcándote, aquí sucede algo especial, comienzas a experimentar y descubres que hay momentos en los que no sientes nada allí, esa sensación parece desvanecerse, a medida que aprendes a permitir que tu mente subconsciente haga eso por ti.

Para apagar esas sensaciones y a medida que esa capacidad crece y te vuelves más consciente, de que realmente sabes cómo apagar esa parte. Realmente sabes cómo apagar esas sensaciones y permitir que cualquier sensación en esa mano desaparezca de esa mano, o de cualquier lugar donde estés.

La otra mano puede volver a su posición de reposo, y puede desplazarse hacia la superficie de la conciencia despierta, así que sige adelante ahora, mientras te relajas, y descubres cómo soltarte, y vuelve a experimentar ese entumecimiento cada vez más y más, más claramente, y para que puedas desplazarte hacia arriba y luego hacia abajo de tu cuerpo, a medida que aprendes aún más sobre tu propia capacidad, en tu propio tiempo, a tu manera, puedes practicar este autoaprendizaje, esta capacidad de hacer eso por ti mismo en cualquier momento, en cualquier lugar.

Ahora, con los ojos cerrados, puedes relajarte más profundamente que antes, de forma consciente de ese nuevo aprendizaje, esa nueva capacidad para apagar esa incomodidad, que puedes visualizar ahora tan vívidamente como puedes, obsérvate en tu próxima visita al consultorio del médico y observa lo tranquilo que te sientes mientras estás de pie en el escritorio de la recepcionista, con tiempo suficiente para tu cita.

Ahora te sientas en la sala de espera, sintiéndote tranquilo y despreocupado, confiado en tu capacidad para controlar las sensaciones, sonríe a los demás que esperan contigo complacido de poder permitir que tu propia manera tranquila y confiada calme las mentes de los demás, mientras esperan también ser llamados.

Mientras te sientas allí, practicas de nuevo tu capacidad para apagar las sensaciones allí, y experimentas ese entumecimiento, a medida que la sensación en el brazo se desvanece, ese entumecimiento se extiende, como si ya estuvieras totalmente anestesiado, esa sensación lanosa de no sentir en absoluto, y te relajas experimentando una calma interior total.

Cuando te llegue el turno de entrar en el consultorio médico,tomas una respiración larga y profunda y mientras expulsa todo el aire de tus pulmones exhala ansiedad - miedo y luego inhala - calma - confianza - tranquilidad.

Mientras te sientas en la silla, experimentas una sensación cómoda, ya que la calma inunda tu mente mientras te relajas, concentrándote ahora en ese interruptor que te permite experimentar esa sensación de ausencia de sensación, mientras tu médico o enfermero realiza el trabajo que necesita hacerse.

Y cuando te arremangues la ropa y estés listo para la inyección, estarás tranquilo y cómodo, pero realmente no quiero que te rías cuando experimentes ese cosquilleo y no quiero que te sumerjas demasiado en un trance demasiado rápido. A medida que el entumecimiento comienza a desarrollarse, te sorprenderá gratamente de lo tranquilo y relajado que te volverás, ya que tu médico, apreciando tu necesaria cooperación, completa su trabajo con facilidad y destreza.

Disfrutas siendo la persona que te relajas en esa silla y tu subconsciente usa esa habilidad especial que has aprendido.
No estás molesto ni preocupado mientras tomas el control de ese miedo y lo desaprendes, viéndolo ahora exactamente como lo que que era,

parar de imaginarse en esa forma que te dice que hay coasas de las que temer, ya que tu mente subconsciente se encarga de ese "desaprender de este miedo" por ti.

Realmente no importa exactamente cómo le dices a tu subconsciente qué hacer o cómo tu subconsciente lo hace por ti; lo único importante es que sabes que puedes perder esas sensaciones, la incomodidad, tan fácil como abriendo los ojos, mientras divagas en tu mente y luego regresas cuando es el momento de volver a la conciencia despierta.

MÓDULO 8
Las Afirmaciones
Los Guiones Abreviados

Objetivos de Aprendizaje:
Al finalizar este módulo el estudiante estará capacitado para crear sus propias AFIRMACIONES o guiones hipnóticos abreviados.

¿Qué son las afirmaciones?

Las AFIRMACIONES son guiones abreviados que te puedes repetir a tí mismo durante el transcurso del día, en cualquier momento que desees o en momentos establecidos de acuerdo con tu práctica de Autohipnosis.

Puedes hacer de las AFIRMACIONES una parte de su vida diaria. Realizar un ritual simple como encender una vela y leer tu AFIRMACIÓN usando una tarjeta puede aumentar el poder de la AFIRMACIÓN. Alternativamente, la tarjeta se puede copiar y fijar en la casa, en la puerta del refrigerador, en el espejo de tu tocador, cerca del televisor o en cualquier lugar donde la veas fácilmente. O puedes llevarlo contigo en tu cartera, morral o bolso.

Las AFIRMACIONES se escriben en primera persona.

A continuación te muestro ejemplos de AFIRMACIONES para diversos problemas, sientete libre de adaptarlos:

Abundancia

Lo que deseo está en mi poder. Puedo lograr cualquier cosa que me proponga lograr, soy competente y confío en todas las áreas de mi vida. Me veo a mí mismo habiendo alcanzado ya las metas que me propuse alcanzar, y habiendo cumplido mis metas puedo ver claramente los pasos que di.

Ansiedad

Estoy tranquilo y relajado en todas las situaciones. Tengo el control total de mi mente, mi cuerpo y mi salud. Siempre que me enfrente a una situación con la que me gustaría lidiar con éxito, sé que puedo hacerlo permaneciendo calmado y relajado, todo lo que necesito hacer es tomar tres respiraciones largas, profundas y refrescantes, aguantar cada uno contando mentalmente hasta tres, y luego lentamente dejo que todo el aire salga de mi boca en una respiración larga, lenta y profunda.

Mojar la Cama (Enuresis Nocturna)

Cuando me acuesto duermo bien. Si necesito ir al baño durante la noche, me despierto y voy al baño. Uso el baño, me lavo las manos y vuelvo a la cama, y de inmediato me vuelvo a dormir. Duermo mucho mejor estos días y me siento más feliz conmigo mismo. Me doy cuenta de las sensaciones en mi cuerpo y cuando mi vejiga está llena o lista para vaciarse, incluso durante el sueño más profundo, inmediatamente me despierto y voy directo al baño.

Creatividad

En mi maravillosa mente creativa subconsciente tengo un almacén de nuevos sueños e ideas; cada noche cuando me voy a dormir sueño algo diferente cada noche cuando me voy a dormir, la inspiración me espera y me despierto temprano en la mañana con estas maravillosas nuevas ideas frescas en mi mente. Cuando una idea creativa entra en mi mente, la escribo inmediatamente, sabiendo que, como un sueño, pronto podría olvidarse.

Encuentro que desde que aprendí a relajarme creativamente, la inspiración y las nuevas ideas encuentran un camino fácil en mi mente, esto se manifiesta en mi. . . (inserte el área en la que desea ser más creativo, por ejemplo, pintura, poesía, escritura, música, etc.).

Depresión

En el pasado me permitía sentirme mal. Ahora pienso de manera más positiva y me siento mucho mejor. Lleno mi mente de pensamientos positivos, mi vida de eventos positivos. Empiezo a mirar fuera de mí mismo para encontrar formas de ayudar a otras personas y esto me ayuda a sentirme bien. Veo una hermosa luz brillante al final del túnel, y me muevo hacia esa luz, sintiéndome mejor, más feliz y más saludable, todos los días.

Desarrollar el sentido del humor

En el pasado ha habido momentos en los que me tomé la vida, incluyéndome a mí mismo, demasiado en serio, y ha habido otros momentos en los que me sentí lleno de diversión, risa y alegría.
A veces me reía tanto que me dolían los costados de reír, pero se sentía tan bien. Estoy aprendiendo a reír de nuevo; mis ojos y mi boca reflejan el humor en mi alma, busco el lado divertido de las cosas, aunque a veces parezcan un poco tontas.
Mi rostro irradia alegría y sonrisas. Mis risas son un símbolo de mi espíritu libre.

Insomnio

Cuando estoy listo para dormir, duermo. Cuando mi cabeza toca la almohada, es una señal de que cierro los ojos y miro en mi pantalla interior. Puedo ver las imágenes flotando en mi conciencia, yendo y viniendo, y yo soy el observador. Estoy observando los sueños que se están gestando y me pregunto qué lugar maravilloso visitaré esta noche. Y cuando el sueño está listo para llegar, una niebla cae sobre mi conciencia, como una pesada cortina negra o una cálida y reconfortante

niebla, y puedo acurrucarme suavemente en un cálido capullo de
relajación.

Síndrome del intestino irritable

En mi maravillosa imaginación creativa soy consciente del concepto de
calidez. Hay calor en el sol del mediodía, hay calor en un fuego ardiente,
hay calor en un baño caliente o un resplandor de felicidad. Puedo sentir
el calor en mi cuerpo, es cómodo y tranquilo. Puedo sentir el calor en las
palmas de mis manos y si estiro mis manos y las separo, luego las
acerco, repitiendo este ejercicio varias veces, soy consciente del calor de
la energía que me rodea.

El calor está saliendo de las palmas de mis manos y puedo transferir
esta sensación de calor a cualquier parte de mi cuerpo que lo necesite.
Puedo descansar mis manos sobre mi abdomen y transferir la sensación
de calor hasta que impregne cada célula de mi estómago, mientras mi
estómago comienza a calentarse y sanar.
Puedo usar esta técnica siempre que lo necesite. Puedo sentir calor.
Puedo sentirme maravilloso. Puedo sentirme relajado.

Celos

Aprender a relajarme me hace sentir mucho mejor conmigo mismo Tengo
una sensación de paz interior. Confío en mí mismo y creo en mí mismo y
porque confío y creo en mí mismo, me doy cuenta de que también
empiezo a confiar y a creer en otras personas. Puedo ver que las
personas que más me importan y que más se preocupan por mí son
básicamente dignas de confianza y les gusta complacerme. Eso me hace
sentir bien con ellos y bien conmigo mismo. Mis viejos y obsoletos
sentimientos negativos no sirven para apoyar a este nuevo yo, así que
los dejo ir. Dejo ir todas las emociones destructivas y las reemplazo con
sentimientos positivos y saludables.

Retención de memoria

Todo lo que he visto, escuchado, hecho o sentido está grabado en mi
maravillosa mente. Mi mente es un almacén de recuerdos e información
y todo en ella está en su lugar, ordenado y bien organizado. Cuando

deseo almacenar algo, lo archivo en mi poderosa mente, y cuando deseo recordar qué fue lo que guardé, simplemente extiendo la mano y recojo la información de mi memoria.

Todo lo que aprendo se conserva aquí en mi mente. Todo lo que necesito hacer es relajarme, relajarme y estirarme, relajarme y estirarme, relajarme y alcanzar mi maravillosa mente poderosa.

Hablar en público

Puedo sentirme muy bien hablando con otras personas, ya que soy un orador comunicativo y eficaz. Siempre sé cómo expresarme abiertamente de forma clara y lógica. Mi voz es tranquila y firme. He preparado mi material de antemano y presento mis discursos de manera que la gente pueda disfrutar y relacionarse fácilmente. Me veo a mí mismo como una persona tranquila y relajada, y así me ven los demás.

Dejar de fumar

Ahora soy un no fumador. No quiero fumar, así que no fumo; es tan fácil y tan simple como eso. Soy no fumador y estoy orgulloso de no fumar, me siento mejor y más saludable, tengo más energía y más vitalidad y me siento muy bien conmigo mismo. Dejar de fumar es lo mejor que he hecho en mi vida, demuestra que amo y respeto mi cuerpo, y lo trato con el amor y respeto que se merece.

No tengo ganas de fumar. No quiero fumar, así que no fumo. Es tan fácil y tan simple como eso.

Control de peso

Como porciones más pequeñas de alimentos saludables, nutritivos, alimentos bajos en carbohidratos simples, alimentos bajos en calorías y eso es todo lo que mi cuerpo quiere, eso es todo lo que mi cuerpo necesita. Estoy perdiendo peso y me siento muy bien, empiezo a ejercitar más mi cuerpo y cuanto más uso mi cuerpo, más saludable se vuelve. Dejo de comer bocadillos entre comidas, dejo de comer en exceso a la hora de comer. Dejo de comer por las noches y empiezo a disfrutar mucho ejercitando mi cuerpo. También bebo más agua, especialmente antes de cada comida, ya que esto ayuda a encoger mi estómago y, a su vez, me llena más rápido.

Estoy perdiendo peso y me siento genial. Cada día mi determinación y mi motivación para perder el exceso de peso, se hace cada vez más fuerte. Es divertido adelgazar. Y cada día me vuelvo más delgado, más saludable y más atractivo.

Ejercicio siete: Escribiendo tus propias afirmaciones

Ahora que se te ha presentado una selección de AFIRMACIONES, estoy segura de que tienes una idea de cómo se formulan. El principio más importante que debes recordar es MANTENER TUS AFIRMACIONES POSITIVAS.

Intenta escribir tus propias AFIRMACIONES para los siguientes problemas. Luego, léelos para ver si suenan inspiradores y positivas. Si no es así, reescríbelas.

1. Miedo a las alturas.

....

.

2. Control de estrés.

....

3 Tartamudeo.

....

El Método "Cambiar tu historia personal"

¿Ha habido momentos en tu vida en los que respondiste a una situación de una manera que te dejó sintiéndote incómodo? ¿Quizás puedas recordar un momento así?

Tal vez dijiste o hiciste algo de lo que luego te arrepentiste o no te sentiste bien.

El pasado es intangible. Las cosas que sucedieron hace años o meses ahora son solo recuerdos, pero a veces seguimos sintiéndonos mal por ellas, mucho después de que todos los demás lo hayan olvidado. Mira éste ejemplo de uno de nuestros clientes:

Janet trabajaba para una gran organización donde se sentía despreciada. Un día, su jefe llegó al trabajo en un estado de ánimo alterado y 'se desquitó' con Janet, diciendo que era incompetente frente a sus colegas.

Janet estaba muy molesta pero no dijo nada. Unos meses después consiguió otro trabajo pero descubrió que había perdido mucha confianza en sí misma. Como resultado, se esforzó demasiado en complacer a todos y se encontró cometiendo demasiados errores y tomando el doble de tiempo para hacer su trabajo porque pensaba en su experiencia anterior todo el tiempo y verificaba cada paso que diera o actividad realizada constantemente.

¿Cómo el método "Cambiar tu historia personal" podría ayudar a Janet? Primero, Janet necesita pensar un poco sobre cómo hubiera preferido responder a su jefe. Una forma más positiva podría haber sido decirle a su jefe que ella no se sentía cómoda con la forma en que él le hablaba y pedirle que hablara en privado con ella en el futuro si no estaba contento con su trabajo.

Utilizando la autohipnosis, Janet puede volver con su mente al evento original cuando la llamaron incompetente y volver a pasar por el episodio, respondiendo de una manera asertiva que la hace sentir más cómoda. Cuando Janet construya su nueva respuesta, introducirá imágenes, sonidos, sentimientos (de confianza) y cualquier otro que le parezca apropiado. Puede hacer que la imagen sea más brillante y los buenos sentimientos más fuertes, escuchándose a sí misma hablando de una manera calmada y segura.

Este ejercicio puede repetirse tantas veces como sea necesario hasta que el viejo recuerdo sea reemplazado por el nuevo. Puede ser útil incluir situaciones de seguimiento en las que Janet también haya reaccionado negativamente como resultado de ese evento original.

Ejercicio ocho: Reescribir una nueva historia personal pasada
Piensa en una situación del pasado que te hizo sentir incómodo. Decide cómo podrías haberlo manejado mejor y escribe aquí tu nueva historia personal pasada. ....
....

MÓDULO 9
El uso de los SÍMBOLOS en la autohipnosis

Objetivos de Aprendizaje:
Al finalizar este módulo el estudiante estará capacitado para crear sus propias tarjetas con SÍMBOLOS para ayudarte a alcanzar sus objetivos.

La mente inconsciente comprende los SÍMBOLOS con mucha más facilidad y rapidez que el texto. Los sueños son ricos en símbolos y si analizas tus sueños comienzas a comprender cómo encajan en tu vida.

Por ejemplo, si sueñas que caminas hacia un río sucio, el barro del río está sucio y se te pega mientras el suelo debajo se vuelve cada vez menos estable. Cuanto más profundo vas, más sientes que estás perdiendo el control.

Es fácil ver cómo este sueño traza un paralelo con situaciones en la vida de vigilia, pero también es importante tener en cuenta que este sueño podría ser interpretado de manera diferente por diferentes personas.

Es por eso que la autohipnosis está diseñada pensando en ti. De hecho, tu eres el diseñador, te conoces a ti mismo mucho mejor que nadie. Te preguntas: ¿Cómo puedes ver la mayoría de tus pensamientos y sentimientos internos? De acuerdo, tal vez no entiendas por qué haces ciertas cosas, pero otras personas solo pueden adivinar.

Los SÍMBOLOS pueden tener un efecto profundo en la mente subconsciente y se han utilizado durante siglos para ayudar a las personas a alcanzar sus objetivos.

Cuando hayas completado cada uno de los ejercicios de este curso, puedes sentirse listo para aventurarte en la siguiente parte del curso.

Simbolos

Estos símbolos son útiles para ti y solo para ti. Primero debes decidir qué deseas lograr con tu autohipnosis; es importante que seas muy específico.

Ejemplo 1. Adelgazar.

Condensa tu objetivo en una sola palabra, si es posible. En este caso la palabra será "Adelgazar"
Haz un dibujo de una persona delgada, usando la menor cantidad de líneas posible. p.ej. (una cintura delgada)

O, una variación es poner las letras de la palabra "Adelgazar" juntas en diferente orden para hacer una imagen o SÍMBOLO reconocible, o tal vez puedas cerrar los ojos y pensar en una imagen simple que te recuerde la delgadez.

Ejemplo 2. Dejar de fumar.

Tu SÍMBOLO podría ser un cigarrillo con una cruz.
O puedes usar las letras principales de las dos palabras NO FUMAR para hacer una imagen o símbolo reconocible. Para encontrar las letras principales, elimina las vocales y las letras repetidas, y quedará NFMR. Estas letras se pueden organizar en cualquier orden para hacer un diagrama simple que la mente subconsciente reconocerá instintivamente

como el significado detrás de tu mensaje.

Ejemplo 3. Aprobar tus exámenes

Tu SÍMBOLO podría ser un certificado de examen o podría ser la palabra ÉXITO o incluso un TICK con una gran sonrisa.

Acerca del Método usando los SÍMBOLOS

Este método te invita a utilizar tus habilidades de visualización, y como estás utilizando SÍMBOLOS en lugar de imágenes reales, te resultará mucho más fácil hacerlo.

Paso uno
Dibuja tu símbolo en una tarjeta de color, haciéndolo lo más simple posible. Concéntrate en el SÍMBOLO tan a menudo como sea posible al principio. Pronto podrás recordarlo sin "verlo" realmente.

Segundo paso
Utiliza tu método preferido para inducir el trance hipnotico y un profundizador si es necesario.

Paso tres
Cuando hayas profundizado tu trance, recuerda tu SÍMBOLO. No pienses en lo que representa, solo concéntrate en la imagen y tu mente subconsciente puede hacer el resto.

Paso cuatro.
Cuenta en forma regresiva tu mismo para salir fuera de la hipnosis.

Tu autohipnosis personal

Cuando hayas leído este curso de autohipnotismo y completado todos los ejercicios propuestos, estarás completamente equipado con las técnicas hipnoterapéuticas básicas y podrás hipnotizarte a tí mismo. Si no has entendido algún aspecto del Curso, léelo de nuevo.

Comienza concentrándote en tu Tarjeta de SÍMBOLOS durante 3 minutos. Guárdala todo el tiempo y repítete:

Al enfocarme en esta imagen, comienzo a entrar en un estado ligero de hipnosis.

Cuando tus ojos comiencen a sentirse un poco pesados, puedes cerrarlos, pero ten a mano la Tarjeta de SÍMBOLOS, ya que es posible que desees enfocarla nuevamente para reforzar tu hipnotismo.

No prestes tu Tarjeta SÍMBOLO a nadie más. Esto es solo para ti. Recuerda llevarla contigo si vas a algún lugar y existe la posibilidad de que desees utilizar tu autohipnotismo.

Mantén todas tus sugerencias positivas

Ésta es la regla más importante en la hipnosis. Nunca uses la hipnosis para actividades negativas.

Finalmente, buena suerte. El autohipnotismo es la herramienta más valiosa que cualquiera pueda tener. Para algunas personas es fácil, otras puede que tengan que practicar un poco más, pero vale la pena, así que, por favor, no te rindas.

Sobre la Autora

Clara Ramírez es hipnoterapeuta calificada "Centre of Excellence Institute" Londres, Inglaterra. Miembro de "International Association of NLP and Coaching (IANLPC)", y "International Alliance of Holistic Therapists (IAHT)". Ingeniera Químico, Educadora Nutricional. Especializada en Banda Gástrica Virtual del mismo instituto. Autora de varios libros de autoayuda. Clara dirige el sitio web Mente_Subconsciente.com. Realiza diseños de guiones hipnóticos y recursos para diversas áreas-problema con poderosas afirmaciones y visualizaciones inspiradoras para reforzar las sugerencias hipnóticas y ayudar así a las personas a obtener el mayor beneficio de su terapia. Comunicadora de la Salud basado en un enfoque de sanación natural. Conferencista. Consultora Corporativa.

Un poco de mi carrera profesional

Mi carrera matriz es la Ingeniería Química. Es un trabajo que me obliga a trabajar muchas horas en exceso trayendo como consecuencia un deterioro de mi salud. Hace unos años, mi salud empezó a deteriorarse a pasos acelerados. Me frustraba al ver que los médicos no me ayudaban, te decían "el que" pero no el "como". Al mudarme a Londres, Inglaterra, me forzó a manejarme en un ambiente con diferentes culturas e idioma. Esto trajo muchos retos para mí. No lograba conseguir ese balance vida personal – trabajo exitoso – excelente salud física y mental.

Por eso decidí tomar mis problemas y convertirlos en retos, y me propuse que mi vida tenía que cambiar para mejor. Decidí estudiar hipnoterapia y nutrición en paralelo con mi trabajo, y logré certificarme. Esto me llevo a otros estudios, y profundizar mis conocimientos en hipnoterapia con una certificación en Banda Gástrica Virtual. Empecé a aplicar en mí misma todo este cúmulo de conocimientos, identificando las causas raíz de mis problemas. Logré vencer muchos paradigmas. Esto mejoró muchísimo mi vida, aprendí a "como" ayudarme a mí misma con la ayuda del poder de la mente subconsciente. Sentí que era mi deber, ayudar a los demás, transmitiendo mis conocimientos.
Empecé ayudando a mis familiares y amigos más cercanos con excelentes resultados. Esto siguió de una lista de clientes.

He trabajado en mis técnicas de hipnosis y programas complementarios, con la retroalimentación de los resultados vistos en mis clientes y sus valiosas opiniones. Decidí, lanzar este concepto de "Auto hipnoterapia al alcance de todos" en el idioma español, donde podrás conseguir los recursos que necesitas para autoayudarte y mejorar tu vida. ¡Bienvenido a esta gran familia!

Gracias infinitas por darme la oportunidad de brindarte parte de mis conocimientos y abrirme las puertas de tu casa y de tu mente subconsciente. Espero que apliques las enseñanzas aquí aprendidas para mejorar tu vida.
Contáctanos:

www.mente-subconsciente.com
mentesubconsciente1@gmail.com
Facebook: @mentesubconsciente
Instagram: @mentesubconsciente_
Twitter: @mentesubconsci1

La información de este libro no sustituye la atención médica profesional. Los consejos dados en este libro se basa en la formación, la experiencia y la información disponible para el autor. Cada situación personal es única. El autor y el editor instan a los lectores a consultar a un profesional de salud cualificado cuando exista alguna duda sobre la presencia o el tratamiento de cualquier condición de salud. A menos que se especifique lo contrario, los tratamientos recomendados son para uso de adultos. Las mujeres embarazadas siempre deben consultar a un profesional de la salud cualificado antes de usar los tratamientos recomendados en esta publicación.

El autor y el editor no son responsables de los efectos adversos o consecuencias resultantes del uso de cualquiera de las técnicas o procedimientos descritos en este libro. Para obtener asesoramiento personalizado, consulte siempre a un profesional cualificado. Los estudios de investigación y las instituciones citadas en este libro no deben interpretarse de ninguna manera como una aprobación de ninguna parte de este libro. El autor y el editor renuncian expresamente a la responsabilidad por los efectos adversos derivados del uso de la aplicación de la información contenida en el presente documento.

Lightning Source UK Ltd.
Milton Keynes UK
UKHW021316150221
378811UK00011B/2375